「9マス」で
悩まず書ける文章術

山口拓朗
Takuro Yamaguchi

SOGO HOREI PUBLISHING CO., LTD

はじめに

「悩まずすらすら書けるようになりたい」
「頭のなかにあることを整理して書きたい（でも書けない）」
「論理的に、言いたいことが伝わる文章を書けるようになりたい」

この本を手にとったあなたは、もしかすると、このような悩みをお持ちではないでしょうか。本書は、そんなあなたが“悩まず”書けるよう、文章の書き方のコツを丁寧にお伝えします。

そもそも人は、なぜ書くことを苦手に感じるのでしょうか。
１つは、「他人の目を気にしすぎている」ということです。
「よく見られたい」「カッコいい文章を書きたい」という気持ちが強すぎると、大切なものを見落としがちです。大切なものとは、考えや気持ちのことです。
プロの作家やライター、あるいは人気のブロガー、さらには、あなたの身近にいる**文章上手な人ほど、自分の考えや気持ちに向き合い、それを“情報”としてアウトプットしています。**だからこそ、人を惹きつける文章を書くことができるのです。
かといって、自分の考えや気持ちに向き合うことはなかなか大変なことです。そこで本書では、その作業がラクにできるよう、9マスを使って自分の意見をアウトプットし、情報として発信する方法をお伝えします。この方法を活用することで、書くべき情報をスピーディーに手にすることができるでしょう。あとは、それを文章で表現していくだけでＯＫ。「書けない悩み」にきっと別れを告げることができるはずです。

では、なぜ９マスを使うのか。それは、**人には“枠があると埋めたくなる”習性がある**からです。また、マス目を９つ使うのは、４マスや６マスでは、文章作成に必要な情報を洗い出すツールとしては少し物足りないという理由もあります。かといって12マスや16マスでは、書くのが大変そうと尻込みしてしまいます。そういう意味で、９マスは絶妙なマス目といえるのです。

９マスは、「情報収集」から「情報整理」「文章作成」まで、ありとあらゆるプロセスで重宝します。言葉を書き出すことによって、**靄のように漠然とした情報を可視化することができます。「何を書けばいいか」で悩むこともなくなるでしょう。**

もちろん、「どう書けばいいか」についても、本書では詳しく解説していきます。とくに第4章で紹介する文章テンプレートは、文章の構成（流れ）で悩むあなたの助けとなるでしょう。

さらに、インターネットやＳＮＳ全盛の時代にマッチした情報発信のコツもお伝えしていきます。**ビジネスで書く文章とプライベートで書く文章を巧みに使い分けるスキルが手に入れば、あなたの人生の景色は大きく変わっていくはずです。**

文章作成とは対話です。読む人との対話であり、自分自身との対話です。９マスを活用しながら、あらゆる会話を楽しんでください。

それでは、９マス活用の旅のスタートです。

山口拓朗

もくじ

9マス×自問自答で「書ける人」に変わる

第2章 「9マス情報キャッチ法」で上質な材料を集めよう

第3章 「プレゼント」要素を意識して、文章を磨き上げよう

第4章 書くスピードが劇的にアップする！ 最強の「文章テンプレート」

第5章 いざ実践！ 最初の一歩は SNSの140字から

第6章 「書くアタマ」を作る文章エクササイズ

ブックデザイン　藤塚尚子（e to kumi）

DTP・図版作成　横内俊彦

校正　篠原亜紀子

編集協力　大島永理乃

第1章

9マス×自問自答で「書ける人」に変わる

文章がうまくなるコツは他人の目を気にしすぎないこと

「はじめに」で、書くことに抵抗があるのは「他人の目を気にしすぎているから」と書きました。あなたが本書を通じてより楽しんで文章を書けるようになるために、書けない理由についてもう少し深掘りして考えてみたいと思います。

私が文章講座を通じて受講者のみなさんからよく聞くのは、次のような声です。

- **文章の書き方には正解があるのでは？**
- **人と違うこと（意見や考え）を示すことに抵抗がある**
- **人から否定、批判されるのが怖い**
- **自分を語ることが気恥ずかしい**

実はこの状況は、いずれも**「他人の目を気にしすぎている」ことから生まれています**。これはあなたがどうこうというよりは、常に正解を求められ、横並びをよしとする教育を受けてきた弊害にほかなりません。大事なことは、**他人と横並びの文章を書くことに「メリットはない」と気づくこと**です。

これから文章を書けるようになりたいというあなたに、まず、次のメッセージを送ります。

- **文章の書き方に唯一の正解はない**
- **人と違う意見や考えを示すことに文章を書く価値がある**
- **人から否定、批判されて一人前である**
- **自分を語れない（語らない）ことは恥ずかしい**

ひと言で言い表すなら**「他人の目を気にしすぎない」**ということです。不思議なもので、**この考え方を受け入れた瞬間から、その人の書く文章にパワーが宿ります。**

つまり、これまで「書けない」「文章を書くのが苦手だ」「文章を書くのが嫌いだ」と思っていたのは、**自分自身のマインドに問題があったから**ともいえます。文章を書きたい気持ちにアクセルを踏みながら、同時にブレーキも踏んでいたのです（「文章を書くのが怖い」という気持ち）。それでは、前に進むはずがありません。車であれ、人間であれ、故障してしまうでしょう。

かつてフランスの博物学者ビュフォンは「文は人なり」と言いました。「文章を見れば、書き手の人となりがわかる」という意味です。**自分という人間の魅力を伝えたいなら（そして、理解してもらいたいなら）、自分を偽らずに文章を書いていくことが大切**です。

私はこれまでに、心のブレーキを外して文章を書き始め、その後、ＳＮＳで投稿を始めた人をたくさん見てきました。

おもしろいことに、**自分の意見や考えを率直に投稿することに慣れてくると、その人の表情は、見違えるほど輝き始めます。**おそらく自信が芽生えるからなのでしょう。また、その自信と比例するかのように言葉にもパワーが宿っていき、投稿の反響も大きくなっていきます。その結果、ファンも増えていきます。

もしあなたが、本当に「あなたらしさ」を大事にし、文章を書いて人の心を動かしたいと思っているなら、人の心に“何か”を届けたいと思っているなら、**自分の意見を意識し、それを臆することなく書くクセをつけましょう**。

ぜひこれからお伝えする文章の書き方を読みながら、あなたらしい文章の書き方を見つけてほしいと思います。

「読まれる文章」には「情報」と「感じたこと」がセットになっている

では早速、文章の書き方について学んでいきましょう。

ある日あなたが「おいしいラーメン屋さんはないかな」と思ってインターネットを見ていると、次のような書き込みを見つけました。

文章1

飯田橋の「マルちゃん」でラーメンを食べた。美味しかった。

色々見ていくうちに、他の書き込みに目が止まりました。

文章2

飯田橋の「マルちゃん」に、絶品とんこつラーメンを食べに行った。スープは3日間じっくり煮込まれたとんこつを使っていて濃厚。具材のもやしは、シャキシャキして食べやすい。おすすめの柚子胡椒を、少量加えて食べたところ、さわやかな酸味が加わって新しい味がした。

ともに書き手は、あなたが知らない人です。

添えられているラーメンの写真は同じものだとした場合、どちらのラーメンを食べてみたいと思うでしょうか。きっと文章2のほうではないでしょうか。

このように、**読みたくなる文章には、人を惹きつける具体的な**

「情報」と「書き手が感じたこと」がセットになっています。

ところが文章が苦手な人は、どちらかが欠けているケースが少なくありません。

自分の書きたいことだけを書いて、誰の心もつかまないままスルーされてしまう……そんな結果になっているように思います。

もちろん、いきなり書こうとすることが悪いわけではありません。「１億総ジャーナリスト時代」といわれる今、ブログやインスタグラム、ツイッター、Facebook など、思いをすぐに、自由に表現できる場は数多くあります。そのため興味深い文章を目にすると、すぐに書きたくなる気持ちもわかります。

しかし、あなたがもしインフルエンサーや知名度の高い人でないのなら、まずは**具体的な「情報」と「感じたこと」をセットで書けるようトレーニングするのが先決**です。

美味しい料理をつくろうと思うと、まずレシピを見ますよね。作り方をざっと見たあと、必要な材料を揃え、そのうえで調理を始めると思います。

文章も同じです。**良質な文章を書くには、まず素材（情報）集めが欠かせません**。そして、感じたことを書くために、**自分にインタビューして答える「自問自答」が大切になってきます。**

せっかく時間を割いて書くのなら、「読まれる」文章や「伝わる」文章を書きたいと思いませんか？

「脳の習慣」を活用すれば、悩まず書けるようになる

質問が上手な人ほど、読ませる文章を書くことができます。

実際、優れた記者やライターは、質の高い質問が、読まれる記事につながることを知っています。そのため、インタビュー対象者にどんな質問をすればより良い回答をもらえるか、事前に何度もシミュレーションをくり返しています。

一説によると、人は1日に約9000回の決断をしているそうです。その決断の裏には、約9000回の質問があるはずです。**私たちは、「頭のなかで自問自答を行うプロ」**でもあるわけです。この習慣を活用しない手はありません。**質問上手になれば、誰でも伝わる文章をすらすら書くことができるようになります。**

ここで1つ、事例を紹介しましょう。

文章1

> 今日はお昼にとんこつラーメンを食べに行きました。

たとえばあなたがツイッターで文章1を投稿したとします。この文章を書く工程には、どのような質問があったと思いますか？　少し考えてみてください。正解例は次の質問1です。

質問1　あなたは今日のお昼に何を食べましたか？

文章1の「今日はお昼にとんこつラーメンを食べに行きました」は、この質問1を投げかけたからこそ生まれた文章といえます。

先ほど人は、頭のなかで自然と自問自答を行っているとお伝えしました。今、文章1の背景にある質問を考えてもらいましたが、誰もがこれと同じことを無意識に、かつ高速で行っているはずです。

では文章1の後に、どのような文章を続けると良いでしょうか。

ラーメンを食べたお店の場所や商品名がわかると、より情報が伝わって喜ばれそうですよね。その情報を引き出すには、どんな質問が思い浮かぶでしょうか。

質問2　そのとんこつラーメンを、どこで食べましたか？

このような質問が出てきます。その答えとして「飯田橋」「マルちゃんラーメン」といった場所やお店の名前が出てくるのではないでしょうか。

この情報を1ページ前の文章1に加えると、次の文章2のような文章を書くことができます。

文章2

今日はお昼に、飯田橋にある「マルちゃんラーメン」にとんこつラーメンを食べに行きました。

この時点で、「上手に書かなければ……」と意識する必要は一切ありません。

自分にどんどん質問ができるようになると、良い素材が自然と手元に集まってくるため、悩まず書けるようになります。

また、現時点で自問自答する習慣がなくても、意識して実践するうちに必ずできるようになります。

千里の道も、一歩から。

まずは、できる範囲で実践してほしいと思います。

「9マス自問自答法」で良質な素材を集めよう

いきなり「自問自答して文章を書いて」といわれても、なかには「慣れていないから難しい」という人もいると思います。

そんな人におすすめしているのが、「**9マス自問自答法**」。

9個のマス目を使って自分にインタビューして、自分で答えていくというものです。

頭のなかで考えたことを書き出すことで情報が視覚化されます。その結果、**悩まずに文章を書くことができるようになります。**

9マスというと多く感じるかもしれませんが、「最低9個は考える」と自分に約束することで、脳の活動力がアップします。あらかじめマス目の量が決まっているほうが、「書きたい（埋めたい）」という気持ちが高まるからです。

9マスは、脳の能力を引き出す便利なツールなのです。

では18ページの文章2にあるとんこつラーメンの文章について、もう少し考えてみましょう。どのような質問をすれば、より魅力的な情報を集められるでしょうか。

そのラーメンの見た目はどんな感じでしょうか？

一口スープをすすったときの感じはどうですか？

イメージをどんどん膨らませていきましょう。自問例を次ページの**表1－1**で紹介します。

表1－1　テーマ：お昼に食べたとんこつラーメン　自問例

自問1	自問2	自問3
今日のお昼に何を食べましたか？	その昼食はどこで食べましたか？	誰と食べに行きましたか？
自問4	**自問5**	**自問6**
ラーメンの見た目はどうでしたか？	ラーメンスープの味や舌触りはどうでしたか？	ラーメンの具材は何でしたか？
自問7	**自問8**	**自問9**
ほかに何か特徴はありますか？	今まで食べたなかで何位くらいですか？	満足度はどのくらいですか？

いかがでしょうか。まずこの９個の質問を考えることが、書く前の大事なステップになります。いきなり書くのではなく、**質問を考え、それに答えることで、書くための情報が手元にそろいます。**

空欄を埋めてみたものが次ページの**表１－２**です。

自答例はあくまでも一例です。「こう書かなくてはいけない」というものではありません。書き方よりも、情報を洗い出す作業そのものが重要です。

なお前ページでは先に９個の自問例をすべて書き出しましたが、これは、読者のあなたにわかりやすく説明するためのものです。実際に１人で９マス自問自答法を行うときは、すべての質問を先に立てるのではなく、「自問１→答える」「自問２→答える」という順番で進めていくのが理想です。直前の答え次第で、次にする（したい）質問が変化するからです。ぜひ試してみてください。

表1－2　テーマ：お昼に食べたとんこつラーメン　自問自答例

自問1 今日のお昼に何を食べましたか？	自問2 その昼食はどこで食べましたか？	自問3 誰と食べに行きましたか？
とんこつラーメン	飯田橋にある「マルちゃんラーメン」というお店	会社の同僚である小林と佐藤
自問4 ラーメンの見た目はどうでしたか？	**自問5** ラーメンスープの味や舌触りはどうでしたか？	**自問6** ラーメンの具材は何でしたか？
スープは茶色で、大量の具材で麺が見えない状態。そこから立ちのぼる湯気が食欲をそそる	とんこつ魚介系でドロドロしていたが、思っていたよりもあっさり味	もやし、チャーシュー、半熟卵。決め手は柚子胡椒
自問7 ほかに何か特徴はありますか？	**自問8** 今まで食べたなかで何位くらいですか？	**自問9** 満足度はどのくらいですか？
中太ちぢれ麺で非常に歯応え＆存在感あり。トッピングの青じそは磯の風味が◎	3位くらい	95点。週1くらいで食べに行きたい

「ベーシック質問」で情報を集め「スコップ質問」で深掘りしよう

９マスで確実に情報をアウトプットし、伝わる文章を書くには、**「質問の立て方」が重要**です。

質問には大きく分けて「**ベーシック質問**」と「**スコップ質問**」の２種類があります。**ベーシック質問は、文章のテーマに関する基本的な材料（情報）を集めるためのもの。**一方の「**スコップ質問**」**は、より具体的な材料（情報）を集めるための質問**です。

まずベーシック質問は、文章作成に欠かせない重要な質問です。

たとえば、旅のブログなのに、旅行先について書かれていないと、読み手は肩透かしをくらいますよね。これは書く前に、「行き先はどちらですか？」というベーシック質問がなかったと想定されます。

自問１　**行き先はどちらですか？**
自答１　**イタリアのミラノです**

このように旅行先を導き出す自問自答が必要です。

一方で、ベーシック質問だけではおもしろみがなく、物足りない文章になりかねません。なぜなら、ベーシック質問をして出てくる答えは「事実」のみ。“単なる情報”を書くことにしかつながらないからです。

そこで登場するのが「**スコップ質問**」です。

「ここは重要だ！」「ここを掘り下げたらおもしろそう！」というポイントを、スコップで掘り下げるかのごとく具体的にしていくことで、**文章に奥行きや幅が生まれやすくなります。**

掘ってもおもしろい話が出てきそうにないなと感じたら、無理して掘り下げる必要はありません。自分自身にインタビューするつもりで、質問を考えましょう。

では、まずベーシック質問とは、具体的にはどのような質問をすればいいのでしょうか。23ページにある9個の質問のなかから選んでみましょう。「基本的な材料（情報）を集めるための質問」を意識すると見えてきます。正解例は、下記になります。

質問1　今日のお昼に何を食べましたか？
質問2　その昼食はどこで食べましたか？
質問3　誰と食べに行きましたか？
質問6　ラーメンの具材は何でしたか？

一方、スコップ質問はどれになるでしょうか。

質問4　ラーメンの見た目はどうでしたか？
質問5　ラーメンスープの味や舌触りはどうでしたか？
質問7　ほかに何か特徴はありますか？
質問8　今まで食べたなかで何位くらいですか？
質問9　満足度はどのくらいですか？

これがスコップ質問の正解例です。違いがわかるでしょうか。

大事なことなのでくり返すと、ベーシック質問は「事実」を問うもの。出てくる答えは決まっています。

一方、スコップ質問は、答える人の視点や感じ方などによって答える内容が大きく変わります。**回答の内容次第で、書きやすさが決まる**といっても過言ではないでしょう。

そこで**「できるだけ具体的に答えたくなる質問」を意識することをおすすめします**。

たとえば、次の質問Ａと質問Ｂを比べてみましょう。

質問A　ラーメンスープの味や舌触りはどうでしたか？
質問B　ラーメンはどうでしたか？

質問Ａの質問は具体的です。「ラーメンスープの味や舌触りはどうでしたか？」と聞いているので、感じたことをストレートに答えることができます。

質問Ｂはどうでしょうか。あまりにもざっくりすぎて、何を答えればいいかわからない人もいると思います。「自分への質問だから、ざっくりした質問でも答えられる」と思うかもしれませんが、初対面の人に同じ質問をされた場合はどうでしょう。「まあ美味しかったよ」と、ぼんやりとした回答で終わってしまうかもしれません。これでは話が深まらず、読む人が興味をもつ文章にはならない可能性があります。

答えの質は、質問の質に左右されます。

ざっくりとした質問にはざっくりとした答えが、具体的な質問には具体的な答えが返ってきます。伝わる文章を書くなら、まずは**具体的な質問を心がけましょう**。

「７Ｗ３Ｈ」を活用すれば、質問に困らない

「そもそも質問が苦手」という人は、あらかじめ「質問の引き出し」を増やしておく必要があります。ほとんどの質問は、以下のツール「７Ｗ３Ｈ」でまかなうことができます。

7W3H

Who（誰が／担当・分担・主体）
What（何を／目的・目標・内容）
When（いつ／期限・時期・日程・時間）
Where（どこで／場所・行き先）
Why（なぜ／理由・根拠）
Whom（誰に／対象）
Which（どっちを／選択）
How（どのように／方法・手段）
How many（どのくらい／数・量）
How much（いくら／金額・費用）

質問に詰まったら、これらの「７Ｗ３Ｈ」を参考に質問を考えましょう。**「７Ｗ３Ｈ」を積極的に使うことで、質問の引き出しが増え、書くのに必要な情報が自然と得られるようになっていきます。**

「Why（なぜ）」は、読ませる文章づくりに欠かせない

先ほど紹介した７Ｗ３Ｈのなかでとくに使えるのが**「Why（なぜ）」**です。**「Why（なぜ）」は、理由や根拠、動機などに迫る質問**です。その質問に答えることで、**物事の核心に迫ることができます。**「スコップ質問」の代表格といえるでしょう。

たとえば、次のように使います。

質問１　なぜ引っ越そうと思ったの？
質問２　なぜ SF 小説が好きなの？
質問３　なぜ秋が好きなの？
質問４　なぜスキューバダイビングをしようと思ったの？
質問５　なぜその仕事を選んだの？
質問６　なぜ白い服が好きなの？

さまざまな「なぜ？」に答えることによって、物事の核心が見えてきます。その核心は、多くの場合、読む人にとって興味深いものではないでしょうか。

ではここで、実際に「Why（なぜ）」を使って話を掘り下げていきましょう。あなたは今、転職を考えているとします。その内容をまとめてブログに書くとしたら、どんな質問をして情報を集めるのが効果的でしょうか。少し考えてみてください。

自問1　なぜ転職しようと考えたの？
自答1　より高い給料を得たいから
自問2　なぜ給料が高いほうがいいの？
自答2　２人の子どもの教育費にお金がかかるから
自問3　なぜ子どもに教育費をかけたいの？
自答3　質の高い教育を受けさせることで、子どもの将来の可能性を広げたいから。

「転職」をテーマに文章を書こうとするときに、その理由が「高い給料を得たいから」だけでは少々物足りません。理由の核心に迫る情報を加えたいところです。

そこで、「なぜ？」を使って深掘りしていきます。すると、子どもの可能性を広げたいという書き手の考えが見えてきました。

もう１つ、事例をもとに考えてみましょう。

あなたは水族館に行くのが好きだとします。その魅力についてブログで発信する場合、どんな質問をすればいいでしょうか。

同様に「Why（なぜ）」を使って質問してみましょう。

自問4　好きなことは何ですか？
自答4　水族館に行くことです。
自問5　なぜ水族館に行くのが好きなんですか？
自答5　群れで泳ぐ魚を見るのが大好きだからです。
自問6　なぜ群れで泳ぐ魚を見るのが大好きなんですか？
自答6　魚たちが、規律正しく編成を組んで優雅に泳ぐ姿がカッコいいからです。感動して時間を忘れることもしばしばあります。

なかには「群れで泳ぐ魚が好きだなんて、ヘンな理由だなあ」と思った人もいるでしょう。しかし、ヘンであれなんであれ、これが書き手にとっての理由です。実は**ヘンに感じるものほど、文章にしたときの価値は高い**といえます。なぜなら、それが**書き手のオリジナリティにつながる**からです。

実際、文章にしてみるとその傾向は如実に表れます。

文章1

水族館に行くのが好きです。

文章2

群れで泳ぐ魚を見るのが大好きだからです。なかには「この日のために練習したのでは？」と思うほど、規律正しく編成を組んで泳ぐ魚たちもいます。その姿がカッコよくて大感動！時間を忘れて見入ってしまうこともしばしばあります。

いかがでしょうか。話を深掘りすると、文章２のように、読んだ人に伝わる文章を書くことができます。また、オリジナリティのある文章であればあるほど、読む人の心をつかみやすくなります。

自問自答するときには、「これを言ったらヘンかな？」などと、他人の目を気にする必要はありません。

質問を考えたら、**自分の気持ちに正直に答えるようにしましょう。**そのくり返しが、オリジナリティのある文章＝読む人の心をつかむ文章につながります。

「How（どのように）」で読み手を喜ばせる情報を引き出そう

手段や方法を棚卸しする「How（どのように）」も、話を掘り下げるときに有効な質問です。**「How」で方法や手段を伝えることで、読む人にとって、より有益な文章になります。**

質問1　**その料理は、どのように作ればいいですか？**
質問2　**起業するには、どのような準備をすればいいですか？**
質問3　**いつもどんな勉強をしていますか？**
質問4　**そこまでどういうルートで行けばいいですか？**
質問5　**その問題をどんなふうに解決しますか？**

ではここでも、実際に考えてみましょう。

あなたが痩せたいと思って食事を工夫したところ、２週間で２キロのダイエットに成功しました。あなたはうれしい気持ちでいっぱいです。そんな喜びを伝える文章を書く際、どんな質問をすればいいでしょうか。正解例は次の通りです。

自問1　**最近、うれしかったことはありますか？**
自答1　**２週間で２キロやせたことです。**
自問2　**どのような方法でやせたのですか？**
自答2　**朝昼晩の３食、白米やおかずを控え、キャベツスープを中心とした野菜食を続けました。**

「２週間で２キロのダイエットに成功した」というエピソードは、おそらく、多くの人にとって気になるレベルだと思います。ただ次の文章１のように、単にその事実を伝えるだけでは、読み手は物足りないと感じるでしょう。ダイエットの秘密が知りたいのに、書かれていないからです。しかし、「どのようにして痩せたか」が書かれていれば、きっと（かなり？）満足するはずです。

文章１

２週間で２キロのダイエットに成功しました。

文章２

２週間で２キロのダイエットに成功しました。キャベツスープを中心とした野菜食のおかげです。この２週間、朝昼晩の３食、白米やおかずを控え、野菜を食べ続けました。

読む人にとってメリットになるのは、具体的なダイエット方法を示した文章２ということが理解してもらえると思います。「ダイエットの方法」や「予約のとり方」、「購入の手順」――。読み手がその方法や手段を知りたがる場面では、「How（どのように）」を活用して、文章作成に必要な情報を棚卸ししましょう。

「内部情報」と「外部情報」をしっかり集めよう

「質問を考えることはできても、しっくりくる答えを出すことができない」。そんなときはどうすればいいのでしょうか。

答えを出すことができないということは、もしかすると、どんな答えが文章を書くうえで情報になり得るのか、その種類を知らないだけかもしれません。

答え（＝情報）にはどのような種類があるのかを知ると、より答えやすくなります。

そもそも情報には、自分の内側にある「**内部情報**」と自分の外側にある「**外部情報**」の２種類があります。

内部情報とは

- **自分の考え**
- **自分の感情**
- **自分の気づき**
- **自分の五感**
- **自分の意見**
- **自分の主張**
- **自分のアイデア**
- **自分の体験**
- **自分の価値観**
- **自分の信念**

外部情報とは

- **メディア情報（本、雑誌、インターネット上にある情報）**
- **場所がもつ情報（現場での情報収集　※五感での情報収集も）**
- **人がもつ情報（友人、その道のプロなどが所有する情報）**
- **行動して得る情報（研究、実験、調査した結果）**

「内部情報」とは、あなた発信の情報です。自分の感情や考えなど、自分と向き合ってはじめて出てくる情報といってもいいでしょう。

たとえば、ラーメンを食べたときに感じた喜び、仕事で失敗したときに感じた悔しさ、本や雑誌を読んで得た驚きなどを言葉にしたものです。

「よくわからない」とか「おもしろかった」といったシンプルな言葉で済ませることは簡単ですが、それではいつまで経っても文章力は伸びません。**自分と向き合うことからすでに文章作成は始まっているのです**。

たとえば、次のような文章はどうでしょう。

文章１

> ミスをした瞬間は悔しくて仕方ありませんでしたが、数分後には、なぜか清々しい気持ちで「次は頑張ろう」と思っている自分がいました。

複雑な気持ちを素直につづることで、書き手の個性や人柄が伝わります。書き手の内側にある情報を取り出せるのは、書き手本人です。**日頃から、感じたことをメモしておくなど、自分と向き合うことを意識してみてください**。

一方で、自答する際は「外部情報」を必要とすることも多々あるはずです。たとえば、あなたが「マラソン」について書きたいとき、書き手のもとに書けるだけの情報がそろっていなければ、外からインプットする必要があります。

- **関連書籍や雑誌を読む**
- **関連するニュースをチェックする**
- **インターネットの情報をチェックする**
- **詳しい人から話を聞く**

インプットの方法には、このように、色々なものがあるでしょう。

手持ちの少ない情報だけに頼れば、説得力に欠けた「浅い文章」や「誤りの多い文章」になりかねません。さまざまな情報源から適切な情報を得たうえで、自問し、答えていく必要があります。

「外部情報」をたくさん集めることで、マラソンに対するその人独自の意見や主張も芽生えることもあります。**「外部情報」には、「内部情報」を誘発する役割もある**のです。

9マスに空欄がなくなったら、文章を書いてみよう

自問自答をして9マスが埋まったら、いよいよ執筆開始です。

試しに、集めた情報をフルに使って文章を書いてみましょう。

書く内容は、先ほど同様、「自分のイチ押しラーメン」についてです。自問自答で集めた**表1－2**の情報を、改めて並べてみます。

自答1　**とんこつラーメン**
自答2　**飯田橋にある「マルちゃんラーメン」というお店**
自答3　**会社の同僚である小林と佐藤**
自答4　**スープは茶色で、大量の具材で麺が見えない状態。そこから立ちのぼる湯気が食欲をそそる**
自答5　**とんこつ魚介系でドロドロしていたが、思っていたよりもあっさり味**
自答6　**もやし、チャーシュー、半熟卵。決め手は柚子胡椒**
自答7　**中太ちぢれ麺で非常に歯応え＆存在感あり。トッピングの青じそは磯の風味が◎**
自答8　**3位くらい**
自答9　**95点。週1くらいで食べに行きたい**

この情報のなかから、まずざっくりと2種類に分けます。

それは、「**事実**」と「**自分が感じたこと**」です。

まず、事実はどれでしょうか。おそらく自答1、2、3、6にな

ると思います。それ以外の回答は、「自分が感じたこと」です。この「事実」と「感じたこと」をうまく組み合わせて、文章を書いてみましょう。

文章1

今日のお昼は、飯田橋にある「マルちゃんラーメン」という名前のお店に、会社の同僚（小林と佐藤）と一緒に、とんこつラーメンを食べるために行ってきました。運ばれてきたラーメンは、茶色いスープに具材がてんこ盛りで、そこから立ちのぼる湯気が食欲をそそりました。スープのお味はというと、とんこつ魚介系でかなりドロドロしていました。ところが、ひと口すすってびっくり。思ったよりもあっさり味だったのです。肉厚なチャーシューとトロトロの半熟卵、決め手の柚子胡椒も良かったなあ。麺のほうは、コシと弾力の両方を備えた中太ちぢれ麺で、歯応えはもちろん、口の中での存在感もMAXでした。そうそう、トッピングした青じそも、磯の風味とお味が◎でした。これまで自分が食べてきたラーメンのなかで、だいたい3位くらいの順位といえるのではないでしょうか。得点にするなら95点といったところ。できれば週1くらいで食べに行きたいお店です。

9マスに書き出した情報を使うことで、これだけの文章を作ることができました。ある意味、自答の内容を並べただけです。このように、**自問自答さえしっかりできていれば、自然と書く態勢は整っていくものなのです。**

「情熱で」書いて、「冷静で」直そう

前のページで紹介した文章1のように、**文章を書くときにはまず、ありったけの情報を盛り込む意識が大切です**。私はこれを**「情熱で」書く**と呼んでいます。この時点で高い完成度を求める必要はありません。「情熱で」書くときに意識すべきは次の2点です。

①情報を漏れなく書く
②一気に書き上げる

①の「情報を漏れなく書く」とは、**自問自答して出てきた情報はできるだけ盛り込む**という意味です。もちろん、文章を書きながら、新たに自問自答して得た情報があれば、そのつど盛り込んでいきます。

一方で、余すことなく情報を盛り込んだ文章は、冗長になりがちです。書き手の思いが強ければなおのことです。

したがって、**書き終えたら必ず読み直して「推敲する（練り直す）→修正する」という編集作業を行います**。筆者はこれを**「冷静で」直す**と呼んでいます。この作業は、完成度を高めるうえで欠かせません。「冷静で」直すときに意識すべきは次の2点です。

①なくても通じる情報はカットする
②スムーズな流れを作る

37ページの文章1を「冷静で」直したものが、次の文章2です。

文章2

今日は、会社の同僚3人でとんこつラーメンを食べに行きました。お店は飯田橋にある「マルちゃんラーメン」。スープはとんこつ魚介系で、ドロッとしているにもかかわらず、予想外のあっさり味。肉厚なチャーシューとトロトロの半熟卵、それに決め手の柚子胡椒も美味でした。麺はコシと弾力を兼ね備えた中太ちぢれ麺で、歯応えはもちろん、口のなかでの存在感も十分。これまで食べてきたラーメンのなかで3本の指に入ります。得点にするなら95点！　これからも、週1ペースで食べに行きたいと思います。

一度書き上げた文章から情報を取捨選択し、表現を最適化することで、ギュッと濃密な文章ができあがりました。

「冷静で」直している最中に「こんな情報を加えたらもっといいかもしれない」とか「この情報が足りないかも」と気づいたときは、臨機応変に情報を補いましょう。**「冷静で」直すときの意識の割合は「ムダを削る：不足を補う＝7：3」くらいがベター**です。そもそも「情熱で」書くことに成功していれば、補う内容はそう多くならないはずです。

①自問自答をする
②自問自答でそろえた情報を使って「情熱で」書く
③文章を磨き上げるために「冷静で」直す

この３ステップを踏むことが文章作成の大原則です。とりわけ①の自問自答は、文章作成のカギ。文章の質を高めたいなら、自分が書く文章の内容に応じて、的確にかつ具体的に自問自答していきましょう。

自問自答ができれば、必ず「読まれる文章」が書けるようになる

さて、ここまで文章作成のプロセスをお見せしてきましたが、そもそもの自問自答がしっかりとできていなければ、やはり、その先の文章作成も困難を極めてしまいます。

食材がなければ料理が作れないのと同じように、**情報がなければ文章は書けません**。考えた質問に答えるときには**“より的確に”“より具体的に”**。そして、場合によっては**“より深く”答える**必要があるのです。

自問自答に慣れていない人に共通しているのが、自答の「浅さ」です。次の自問自答は、ある人が、評判のパンケーキ専門店でパンケーキを食べたときのものです。

自問1　**パンケーキを食べてみてどう感じましたか？**
自答1　**美味しかったです。**

テレビの街頭インタビューならこれでいいかもしれません。しかし、文章にして「読ませる」ことを考えればNGです。自答の通り、「パンケーキが美味しかったです」という文章しか書けないでしょう。そのような文章はありふれているので、読む人の目に止まりません。

評判のお店であればあるほど、読み手はどうおいしかったのかを

知りたい（＝読みたい）と想像できます。

五感を頼りに、読み手を意識して回答してみましょう。次の回答はどうでしょうか。

自問2　パンケーキを食べてみてどう感じましたか？

自答2　頬がこぼれ落ちるくらい美味しかったです。しかもパンケーキの生地は家庭用のものと違ってマシュマロみたいにフワフワで、口のなかでとろけるようでした。

食感など、自分が感じたことが書いてあり、先ほどの自答１よりも文章にしやすくなっています。

どうしても答えづらいときは、外に助けを求めましょう。**「友人に同じ質問をしてみる」「本やインターネットで調べる」「自分で調査する」といった方法もあります。**

パンケーキであれば、メニューなどに、文章を書くために役立つ情報がきっとあるはずです。インターネットを使えば、そのお店のサイトにもアクセスでき、作り手のパンケーキへの思いや、作り方の工夫などを調べることもできるでしょう。

さまざまなところにアンテナを立て、行動することによってはじめて、自問自答力（＝文章力）を伸ばすことができます。

もう１つ、別の自問自答を見比べてみましょう。

自問3　薬膳カレーを食べて、効果はありましたか？

自答3　１食、食べたくらいでは……よくわかりません。

素直な回答です。対面のコミュニケーションであれば問題ないでしょう。たしかに薬膳の効果も、食べ続けてこそ出るものかもしれません。しかし、文章で伝えることを考えると、少々物足りない印象です。やはりここでも五感を頼りに、色々な角度から自分自身を振り返ってみることをおすすめします。

「食べた後、体に変化はなかったか」「お店として強調したい効能はなかったか」などと考えてみるだけでも、集められる情報が変わります。

下記は、自答できている人の文章例です。

自問４　薬膳カレーを食べて、効果はありましたか？

自答４　はい。食べ始めて１分もしないうちにカラダが熱くなって汗が出てきました。メニュー表には、「血行促進」「抗酸化作用」「殺菌作用」「消化促進」などの効果が書かれていました。夕方まで体がポカポカしていたので、冷え性の私にはうってつけでした。

自問自答４では、書き手が体の変化に気づいています。メニュー（薬膳カレーの説明文）を見て、情報も補足できています。

「汗が出たり、体がポカポカしたりすること」＝薬効とは言い難いかもしれませんが、少なくとも、そこから「血行促進」に話を結びつけるのは不自然なことではありません。

大事なことなのでくり返しますが、自問自答をするときには、文章を書くために必要な材料を主体的かつ積極的に集める意識が必要です。さらに、**材料を集めるためには、体験を通じてさまざまな情**

報（「気づき」を含む）を得ることも大切。文章の書き手にとっては、**日常の体験１つひとつが、すでに重要な情報収集である**と心得ておきましょう。

第2章

「9マス情報キャッチ法」で上質な材料を集めよう

文章力アップの近道は情報を集め、自分のモノにすること

第１章では、文章を書くには自問自答を行い、いかに情報を引き出すことが大切か、という大原則についてお伝えしてきました。

魅力的な文章、読まれる文章を書くためには、ふだんから効率よく情報を手元にそろえておくと便利です。

日々、ただ漫然と過ごすのは、もったいないことです。さまざまな方向にアンテナを張り続けることで、有効な情報を脳にインプット＆ストックしていきましょう。

「２週間前のお昼に何を食べた？」という質問に即答できる人が少ないように、人の脳には「忘れる」という能力が備わっています。一説には、人間は毎秒40億ビットの情報を受け取っているにもかかわらず、意識的に処理できる情報は2000ビット程度だそうです。その割合は、実に0.000005％。この狭き門をくぐり抜けて情報を自分のモノにするには、**意識の処理の仕方を変えるしかありません。**

本章では、**書くために効率よく情報（材料）を集め、インプットする方法**についてお伝えしていきます。

書くだけで欲しい情報が集まる「9マス情報キャッチ法」

情報を集めるためにおすすめしたいのが「**9マス情報キャッチ法**」です。手元に集めたい情報を「9マス」に書き出すだけで、必要な情報を受け取るアンテナが立ちます。すると、その**アンテナに関する情報が、次から次へと飛び込んでくる**のです。

私が講師を務める文章講座で、受講生にしてもらう簡単なゲームがあります。題して、「**色探しゲーム**」です。

「今から20秒間、この部屋のなかを見回して赤い色が何個あるか探してみてください」と指示します。受講生たちはグルグルと部屋を見渡します。赤色を10個や20個、なかには30個見つける人もいます。

そこで私は、たくさん見つけた人のなかから1人を指してこう聞きます。「では、青色は何個ありましたか？」と。かなり意地悪な質問です（笑）。すると、その人は「わかりません」「見ていませんでした」「青色は気にしていませんでした」と答えます。

これが人間の脳の処理方法なのです。

グルグルと部屋中を見渡していたので、青色が視界に入っていないはずはありません。しかし、受講生たちは“青色”に注意を払っていなかったため、青色の情報を取り込まなかったのです（取り込めなかったのです）。これは脳科学的には「脳幹網様体賦活系(のうかんもうようたいふかつけい)

(通称 RAS)」、心理学では「カラーバス効果」という論理で説明されています。

脳の仕組みを簡潔に示すなら「その人が意識した情報だけを取り込む」というもの。私たちの世界では、**同じ場所で同じ風景を見ていても、人それぞれ取り込んでいる情報はまったく違う、ということが起きている**のです。

グルメな人は、街を歩きながら美味しそうなお店をサッと見つけることができます。「グルメ」のアンテナが立っているからです。

犬を飼いたいと思っている人は、散歩中の犬に目が行きやすくなります。「トイプードルはかわいいな。この犬は5歳くらいかな？」と考えたり、ペットショップのショーウインドウに引き寄せられていったりするでしょう。

一方で、グルメでない人は、美味しそうなお店をスルーしがちです。犬に興味のない人であれば、すれ違う犬に気づきさえしないこともあります（意識として処理しない、という意味です)。極端なことをいえば、**私たちは、同じ世界にいながら、違う世界を生きているようなもの**なのです。

「9マス情報キャッチ法」は、**脳内にあなたが欲しい情報のアンテナを立てるためのもの**。書き出した瞬間からアンテナが張られます。書き出すだけでも十分な効果を得られますが、**書き出したものを口に出したり、何度も読み返したりすることで、そのアンテナ感度はますます高まっていきます**。

読まれる文章を書くには「準備」が10割

たとえば、あなたが１週間後、海外旅行に行くとします。そして帰国後、趣味で運営している「旅のブログ」に、旅行のレポート記事を書こう、と考えているとします（読者ターゲットは「海外の文化・カルチャーに興味がある人」）。

何のアンテナも立てずにその国へ行けば、「楽しい旅行だった」程度の感想で終わってしまうかもしれません。帰国していざ文章を書こうとしたときに、「ん？　ちょっと待てよ。何を書けばいいんだろう？　１つひとつ思い出してみよう」となるはずです。

こうなると、おそらくレポート記事を書くことに苦戦するでしょう。時間もかかるうえ、完成した記事の質も決して高くはないことが予想されます。

一方、海外旅行に行く前にあらかじめ「９マス情報キャッチ法」でアンテナを立てておけば、後で劇的に書きやすくなります。

アンテナを立てるとは、テーマを分解することです。

自分に対して「海外旅行を分解すると、どういう項目が出てくる？」という質問をぶつけます。あるいはシンプルに、読み手は海外旅行のどんなことを知りたいか、想像してみます。

９マスの使い方は、極めてシンプルです。**マス目の中央にテーマ（今回は海外旅行）を書いてから、その周囲の８マスに分解した項目を書き出していきます。**

表2－1　9マス情報キャッチ法　テーマ：海外旅行

❶ 歴史（名所旧跡・世界遺産）	❷ 食文化（特産物）	❸ 文化（カルチャー）
❹ 人・民族性（言語・価値観・宗教）	【テーマ】海外旅行	❺ 政治・経済（景気・物価・治安）
❻ ワークスタイル（働き方・商習慣）	❼ ライフスタイル（生活様式・家族・教育）	❽ 自然（海・山・川・大地・動植物・気候・天災）

上の**表2－1**は、「海外旅行」をテーマにアンテナを立てた一例です。大事なのは、旅行に出かける前に、このようなアンテナを立てておくことです。旅先での情報のインプット量が大きく変化します。おそらく目的地に到着した瞬間から、いえ、もっといえば、出発する前から①～⑧のアンテナにどんどん情報が吸い付いてくるはずです。

「吸い付く」と書きましたが、結局、その**吸引力の源は、書き出した本人の意識にほかなりません**。脳が意識した情報を取り込む機能を備えていることは先に述べたとおりです。

「9マス情報キャッチ法」を使うと、本人の行動力も変化します。

「色々なお店に入って物価をチェックする」「現地の人たちの働き方

を観察する」「タクシーの運転手に、その国のライフスタイルについて質問をする」「インターネットを使って、その国の歴史や観光スポットなどを調べる」「バスや電車の車窓からその国の自然（海、山、川など）を眺める」「現地の人たちの服装や住宅などに目を向ける」「現地の人たちが利用するレストランで食事をする」などなど、**ふつうなら見逃してしまうかもしれない情報も、あらかじめ書き出しておくことによって、どんどん吸い寄せられてきます。**

また書き出すだけでなく、旅行中に**何度も書き出した9マスを見返すことで、アンテナの感度がさらに高まります**。結果、旅行最終日までに膨大な情報を手にすることができるのです。

帰国する前から「あれも書きたいな。これも書きたいな」とウズウズする人も出てくるでしょうし、なかには、旅先で早くもレポートを書き始める人もいるかもしれません。

人は情報が集まると、アウトプットしたくなるものです。「書かなければ」と力まなくても、自然と手が動くでしょう。そんな状況が作れたらいいと思いませんか？

「1テーマ×9マス」でより深い情報を集めよう

簡単なレポートであれば、先ほどのアンテナの立て方だけで事足ります。しかしそれなりに詳細なレポートや専門的な文章を書く場合は、さらに細かくアンテナを立てておく必要があります。

そこで、とくに重点的に情報収集したいテーマで「**9マス情報キャッチ法**」のワークを行います。

旅ブログの記事のなかで、「文化（カルチャー）」の記述を多くしたい場合、どう分解すればいいでしょうか。

表2－2　9マス情報キャッチ法　テーマ：文化（カルチャー）

❶ 工芸	❷ 映画・音楽	❸ ファッション
❹ 芸術・美術	【テーマ】文化（カルチャー）	❺ インターネット・SNS
❻ ゲーム	❼ スポーツ	❽ 本・マンガ

表２－２は、**表２－１**で書き出した「海外旅行の９マス」のアンテナ③にある「文化（カルチャー）」を中心に置き、さらに細かくアンテナを立てた一例です。すると、書き出した項目に関連する情報がさらにたくさん集まってきます。

もちろん、**表２－１**の③にある「文化（カルチャー）」よりも⑥の「ワークスタイル」のほうが書きたい、ということであれば、「ワークスタイル」を９マスの中心に置いて、書き出せば（アンテナを立てれば）ＯＫです。

このように、「掘り下げて書きたい！」と思ったテーマは、「９マス情報キャッチ法」を活用して、どんどん書き出していきましょう。**書き出したそばから、脳内にそれぞれのアンテナが立ち始めます。**

ちなみに、本１冊分の大作旅行記を書くということであれば、最初に書き出した①〜⑧だけでは情報が足りません。①〜⑧それぞれをテーマに、さらに細かくアンテナを張る必要があります。８×８ですので、合計64個のアンテナが立ちます。

１つもアンテナを立てずに旅行に出かける人と、64個のアンテナを立てて旅行に行く人では、どちらが読み応えのある旅行記を書けるでしょうか？　その答えはいうまでもないでしょう。

目的地に行く前に情報をキャッチするメモスペースを作ろう

「９マス情報キャッチ法」を使って立てたアンテナは、最大限に活用したいものです。アンテナ活用で最も重要なポイントは、**飛び込んできた情報をキャッチする技術**です。

技術といっても難しいものではありません。「**情報をキャッチ＝メモする**」です。その場で入手した情報はもちろん、気づきや発見も次々とメモしていきます。

おすすめは**表２－３**のように、あらかじめ立てたアンテナごとにすぐ書き込みができるよう、メモスペースを用意しておくやり方です（事前に**表２－２**で書き出した①〜⑧を対応させる）。この**表２－３**は、実際に私が仕事で中国の上海に行く前にメモした９マスです。そして実際に現地で書き込んだものが**表２－４**になります。

しっかりメモすればするほど、その国の文化（カルチャー）について、かなり濃い（新鮮かつ有益な）情報を収集できるはずです。

「私は専門的な文章を書くので、もっとたくさんのアンテナを立てたい！」という人は、９マスにとどまらず、12マス、16マスなど、マス目を増やしてもＯＫです。ご自身が書きやすい方法をぜひ試してみてください。

表2－3　9マス情報キャッチ法　テーマ：文化（カルチャー）

❶工芸	❷映画・音楽	❸ファッション
❹芸術・美術	【テーマ】 文化 （カルチャー）	❺インターネット・SNS
❻ゲーム	❼スポーツ	❽本・マンガ

表2－4　現地で情報や気付きを書き込む

❶工芸	❷映画・音楽	❸ファッション
・藍染を施した布を雑貨やドレスに加工 ・中国茶器（マグカップも豊富） ・シノワズリ（とくに陶磁器）	・映画は中国製作の作品が人気 歴史モノから現代モノまで幅広く見られている ・現地で聴いた音楽はG.E.M.（鄧紫棋）、魔幻力量那英などの国内アーティスト	・20代～30代の女性のファッションセンスは日本とほぼ変わらない ・メイクはしない人も多い。ナチュラル系が流行か
❹芸術・美術 ・中国の現代アートが活況。人気アーティストはルー・ヤン、シュー・ジェン、フー・ウェイなど。「ShanghART Gallery」をはじめ新進ギャラリーにも注目集まる	【テーマ】 文化 （カルチャー）	❺インターネット・SNS ・検索の精度は悪い ・Wechatや微博が人気 ・音声アプリ「ヒマラヤ」も人気 ・GoogleやFacebook、ツイッターが使えず不便
❻ゲーム ・毎年7月に上海で開催される同国最大級のゲーム見本市「ChinaJoy」の注目度も高い ・モバイルゲームの人気が沸騰中。すでに利用者数ではPCゲームユーザー数を追い抜いた	❼スポーツ ・根強い卓球人気に加え、近年ではサッカーとバスケットボールの人気が急上昇中	❽本・マンガ ・中国産の作品のみならず、『NARUTO』『ONE PIECE』『銀魂』など日本作品も大人気 ・本は国内外の小説に加え、実用書や自己啓発書を読む人も増えている

ビジネスシーンでも使える「9マス情報キャッチ法」

「9マス情報キャッチ法」は、ビジネスシーンでも有効です。

たとえばあなたが、新しくオープンした自社の店舗に視察に行き、その報告書を上司に提出するとします。この場合、何の準備もせずに店舗に足を運ぶのと、9マス情報キャッチ法でアンテナを立ててから店舗に行くのとでは、得られる情報量に雲泥の差が生じます。

上司は新店舗のどんなところを知りたがるでしょうか。人・モノ・お金の3つの軸をもとに考えると、マス目が埋められそうです。

表2－5　9マス情報キャッチ法　テーマ：新店舗の視察

① スタッフ（バイト・意思疎通・モチベーション）	② コスト（仕入れ・ランニングコスト）	③ 看板・外観インテリア
④ 来店者数・入店率	【テーマ】新店舗の視察	⑤ 商品ラインナップ&ディスプレイ
⑥ 売り上げ・利益・平均購入額	⑦ 接客スキル（関係性構築・セールス・ホスピタリティ）	⑧ 顧客管理・クレーム対応

表２－５は記入例です。

あらかじめ、表２－５のようにアンテナを立てておくことで、視察したときに得られる情報が大きく変わります。

たとえば、アンテナ③のように「看板・外観・インテリア（を見る）」と決めておくことで、店舗に到着した瞬間から、入口付近の情報をキャッチしようとするはずです。

細かく見回すうちに、「お店の看板がわかりにくい」「イーゼルを使って黒板におすすめ商品を書いておいたほうがいい」「店頭でバーゲン品をワゴン販売しよう」という具合に、問題点や課題に気づく、あるいは、改善点やアイデアが浮かんでくるでしょう。

また、店舗視察というと、つい売り上げや利益にばかり目がいきがちですが、「スタッフ」というアンテナを立てておけば、「スタッフ間の意思疎通がうまく図れているか」「店長とスタッフの間に信頼関係があるか」「スタッフが活き活きと働いているか」「スタッフが抱える悩みは何か」など、スタッフ関連の情報に意識が向きやすくなります。もしかすると、スタッフに関する課題から、売り上げや利益を伸ばすアイデアが生まれるかもしれません。

もちろん、表２－５で書き出した項目は一例にすぎません。ほかにも「お店までのアクセス」「ホームページ＆ＳＮＳ活用」「ＤＭ・チラシ」「ポイントカード」「キャンペーン」など、重点的に収集したい情報を優先して、アンテナを立てていきましょう。**アンテナを立てれば立てるほど、さまざまな視点でものごとが見られるようになり、集まってくる情報の量や質も変わってきます。**

「その場でメモ」すれば ほしい情報が どんどん集まってくる

目的地でキャッチしたい情報について、あらかじめアンテナを立てたら、いよいよ行動です。

目的地では、次々と飛び込んでくる情報をメモに取りましょう。先にも書いたように、脳には忘却グセがあります。そこで、**メモを取る際は、事前に立てたアンテナをマス目に書き込んでおくと便利です。**

表2－6のように、書き込み式の9マスをあらかじめノートに書いておきます。ここにメモを取り続けることで、脳に情報が記憶さ

表2－6　書き込み式の9マスを用意しておく

❶スタッフ（バイト・意思疎通・モチベーション）	❷コスト（仕入れ・ランニングコスト）	❸看板・外観・インテリア
❹来店者数・入店率	【テーマ】新店舗の視察	❺商品ラインナップ&ディスプレイ
❻売り上げ・利益・平均購入額	❼接客スキル（関係性構築・セールス・ホスピタリティ）	❽顧客管理・クレーム対応

れやすくなるほか、あとから情報を取り出しやすくもなります。

次の表2－7は目的地でのメモ記入例です。データに関するものはもちろん、関係者からヒアリングしたコメント、視察中に気づいた点などもメモしています。**その場で得た気づきやアイデアもメモしておけば、のちほど書く報告書のクオリティも高まる**でしょう。

表2－7　目的地で問題点などを書き込む

❶ スタッフ（バイト・意思疎通・モチベーション） 人員不足のせいか、バイトの教育が社内規定に即していない。社員とバイトの風通しに滞りが見られる	❷ コスト（仕入れ・ランニングコスト） とくに問題なし	❸ 看板・外観・インテリア レジカウンター周りに不要なダンボールなどが置かれていて美観が損なわれている。雰囲気重視の狙いがあるも、店内の照明がやや暗い印象
❹ 来店者数・入店率 平日の時間帯に入店率を上げる工夫がない。効率良く接客や呼び込みができるようフォーメーションの工夫が必要か	【テーマ】 新店舗の視察	❺ 商品ラインナップ&ディスプレイ 棚の配置に意図が見られずお客様が興味を引く動線が作られていない。POPやパネルによる訴求も少ない
❻ 売り上げ・利益・平均購入額 平日、とくに正午～16時の時間帯の売り上げが、全店舗の平均を下回っている。入店率との比較	❼ 接客スキル（関係性構築・セールス・ホスピタリティ） 若手社員とバイトの接客技術が未熟（挨拶、声がけ、見送りなど）。お客様の悩みを引き出す雑談能力もやや低め	❽ 顧客管理・クレーム対応 ポイントカード発行時に顧客情報を得られていない。他店同様、QRコードからのLINE@登録の工夫も必要か

いうまでもありませんが、９マス情報キャッチ法で書き出した項目だけに縛られてしまうのも本末転倒です。アンテナを立て忘れたものや、あえて立てなかったアンテナのなか貴重な情報が含まれているケースも少なくありません。

アンテナに関連しない事柄であっても、文章の材料になりそうな

ものは、しっかりメモしておくことが大切です。

情報収集の量と質が変化すれば、おのずと、その人が書く文章クオリティも高まるでしょう。

「プレゼント」要素を意識して、文章を磨き上げよう

「うまい文章」って どんな文章？

材料が集まったら、いよいよ文章を書き始めます。

と、その前に、１つ確認しておきたいことがあります。それは「うまい文章」についてです。

よく「うまい文章を書きたい」という声を聞きます。でも、そもそも「うまい文章」とはいったいどういう文章なのでしょうか？人によって意見の分かれるところでしょう。

私の定義する**「うまい文章」は、【目的を達成できる文章】のこと**を指します。ごく私的な日記や、自己満足で構わない自己表現は別として、多くの場合、文章を書く行為には目的が伴っているはずです。たとえば次のような感じです。

- **企画書の目的→企画を採用してもらうこと**
- **仕事の依頼メールの目的→相手に快諾してもらうこと**
- **商品のチラシの目的→商品を買ってもらうこと**
- **料理のレシピの目的→料理を成功へ導くこと**
- **ダイエット本の目的→読者のダイエットを成功へ導くこと**

では、友人と交わすチャットはどうでしょう。これは状況によって目的が異なります。「相手との関係性を築くこと」が目的のこともあれば、「情報を正確に伝えること」が目的のこともあるでしょう。あるいは、「お互いの本音をさらけ出して、何かしらの話をまとめること」や「相手を元気づけること」「相手の協力を取り付けること」「相手に許してもらうこと」などが目的の場合もあるかもしれません。

いくら時間と労力をかけても、あるいは、表現に工夫を凝らしても、**目的が達成できていない文章は「うまい文章」とはいえません**。

本章では、目的を達成できる文章を「うまい文章」として、その書き方をお伝えしていきます。

その文章に、プレゼントを渡す気持ちは入っていますか？

では、目的を達成できる文章を書くためには、どのような点に気をつければいいのでしょうか？　私が提唱しているのが「読者にプレゼントを渡す」という意識です。

「文章＝読む人へのプレゼント」と考えてください。

あなたが誰かにプレゼントを渡すとき、「何をプレゼントすれば喜んでくれるかな？」と考えるのではないでしょうか。「お花がいいかな？　食べ物がいいかな？　それとも雑貨？　あるいは、映画や舞台のチケットのほうが喜ぶかな？」という具合です。

文章もまったく同じです。

あなたの文章を読んで、誰かが喜んでくれたら、あなたの目的は達成されやすくなります。

一方で、「読む人が喜ばない」「読む人にメリットがない」「読む人にとって“どうでもいいこと”しか書かれていない」場合、目的の達成は危ぶまれます。

文章のなかに織り込むプレゼントとは、**読む人にとって「役に立つこと」「利益になること」「喜びになること」「成長につながること」「幸せにつながること」「人生を豊かにすること」**などです。このような内容を文章に盛り込むことができれば、きっと目的達成率の高い、つまり「うまい文章」になるはずです。

「9マス」でプレゼント要素を洗い出そう

では、いったいどうすれば、文章に「プレゼントを盛り込む」ことができるのでしょうか。

それをお伝えする前に、次の文章をご覧ください。

営業職に就いている人が、A社の担当者にアポを取る目的で書いたメールです。

文章1

> 弊社が開発した営業サポートクラウドシステム
> 「Manemode（マネモード）」をお使いいただきたく、
> ご連絡いたしました。
>
> 弊社の敏腕プログラマーが試行錯誤を重ねて開発したツールです。
> 非常に高い完成度を実現しました。
> ご検討のほどよろしくお願いいたします。

このなかに、相手へのプレゼント要素はどのくらい含まれているでしょうか。残念ながら文面に書かれているのは自社製品の宣伝のみで、A社にとってのメリット（プレゼント）は書かれていません。受け取り方によっては、自慢のようにも見えてしまいます。

これでは、よほど信頼関係ができていない限り、相手は、時間を割いてまでアポを入れようとは思わないでしょう。

本当は相手を喜ばせられる商品なのに、その魅力を伝えきれていない事例だといえます。

文章1のようにならないためにも、相手にどんなプレゼントを用意できそうか、9マスを使って書き出してみましょう。

まず、自社の商品が相手（A社やA社の担当者）に与えるメリットを含め、相手が興味・関心を引きそうな事柄・要素を表3－1のように書き出してみます。

①〜⑥は商品が相手に与えるメリット、⑦はモニターサービス、⑧はアポをとることで相手に負担をかけない配慮です。

表3－1　テーマ：営業のアポ取りメール

① 営業マンの仕事効率を平均20%アップ	② クラウド上で日報管理、部下の営業状況を把握できる	③ 営業マンがスケジュールと顧客管理を一元管理
④ 無駄な営業会議がいらなくなる	【テーマ】営業のアポ取りメール 商品：営業サポートクラウドシステム	⑤ パソコンやスマホ、タブレットと常に連動
⑥ 営業担当の引き継ぎが簡単にできる	⑦ モニターとして1ヶ月間、無料サービスを利用できる	⑧ 相手の都合の良い日時・場所にうかがう

９マスで洗い出したこれらのプレゼントを材料に、メールを書いてみましょう。ここでは「お世話になっております」といった前文のあいさつや文末の署名は省きます。

文章２

> 弊社が開発した営業サポートクラウドシステム「Manemood（マネモード）」をご案内したく、ご連絡いたしました。
>
> 本システムは、クラウド上で
> 営業マンのスケジュールと顧客管理を一元管理します。
> 以下のメリットを貴社にご提供します。
>
> ①パソコン、スマホ、タブレットと連動させることができる
> ②営業マンの業務効率向上（平均20%）
> ③上司が部下の営業状況を常に把握できる
> ④効率の悪い営業会議を短縮、または回避できる
> ⑤担当の引き継ぎが簡単にできる
>
> なお、動作と効果を実感していただくべく
> モニターとして１ヶ月間、お使いになれます（無料）。
>
> 誠に勝手ながら、一度、ご案内の機会をいただければ幸いです。
> ○○様のご都合の良い日時に貴社にうかがいます。
> ご検討いただけますよう、どうぞよろしくお願いいたします。

文章２はメリットがコンパクトにまとめられていて、「相手に届

けたいプレゼント」が明確になっています。しかも、プレゼントは１つではなく、ふんだんに盛り込まれているため、相手は読み流すことができません。「うちの会社にとってうれしいメリットがたくさんあるぞ！」「話を聞かないのは損かも？」「せめて話くらいは聞いてみよう」と思うのではないでしょうか。９マスを使わなかったメール（文章１）との優劣は一目瞭然です。

いきなり書こうとすると、ポイントが十分まとめられなかったり、書き方が雑になってしまったりする可能性があります。

時間はかかっても、**自分が今起こそうとしているアクションは相手にとってどのようなメリットがあるのか、立ち止まって考えてみましょう。最初は時間がかかっても、その努力は必ず報われます。**

そして最終的には、あなたの文章を読んで「アポがとれ、相手に商品を買ってもらえる」ようになるでしょう。ほかにも、「ＳＮＳのフォロワーが増える」「仕事につながる」といった結果を手にすることができるようになります。ぜひ今日から意識して実践してみてください。

「その文章を読む人」＝「読者ターゲット」を決めよう

相手にプレゼントを渡すつもりで文章を書く。その大前提として、どうしても明確にしておかなければいけないことがあります。それは、「**文章の読者ターゲットを明確にすること**」です。

「え、趣味で書く場合は関係ないのでは？」と思ったかもしれません。現に、特定の読者をイメージせず、なんとなく文章を書いている人もいると思います。

しかし、たとえ趣味だとしても、**読者ターゲットの設定があいまいな場合、せっかく文章を書いたのに、まったく反応が得られない、という悲劇が起きかねません**。先ほど紹介した営業メール（65ページの文章1）のように、ただの宣伝で終わってしまいます。

文章を読む人が特定できていない状態で、プレゼントを贈ることはできませんよね。

読む人が喜ぶプレゼントを贈りたいなら、何はさておき、事前に読者ターゲットを明確にしておく必要があります。

仮にあなたが、グルメをテーマにブログを書いているとします。この場合、どんな人がターゲットとして考えられるでしょうか。

ひと口に「グルメ」といっても、色々な趣味嗜向があるはずです。

考えられるターゲット像

・世界の三ツ星レストランを食べ歩いている人

- 行列のできるお店を巡るのが好きな人
- B級グルメが大好きな人
- オーガニックフードの愛好者
- ローフードの愛好者
- ジャンクフードの愛好者
- スイーツ女子
- 居酒屋好き
- 世界の珍味マニア

ほかにも、「日本料理好きな人」「フランス料理好きな人」のように、国やエリアでターゲット設定することもできれば、「パンケーキ好きな人」「ラーメン好きな人」のように、料理別にターゲット設定することもできます。

ラーメン好きな人たちは、「隠れたインド料理の名店」について書かれた記事には、興味をもたないかもしれません。一方で、「野生のイノシシをふんだんに使った猪骨ラーメン」の記事は、前のめりで読むのではないでしょうか。

このように、「グルメ」というテーマ1つとっても、さまざまな読者設定が考えられます。「グルメ」という大きな枠でくくってしまうと、せっかく書いた文章を「読んでもらえない」、あるいは「読んでも興味をもたれない」という結果になりかねません。

読者ターゲットを明確にして書かれた記事は、ターゲットに該当する人たちを確実に喜ばすことができます。「勉強になりました」「いい情報をありがとうございます」「今度食べに行ってきます」など、喜びの声や感謝の言葉がたくさん返ってくるかもしれません。

イメージするだけで、ワクワクしませんか？

届けるべき相手がわかっていれば、その人により響く文章を書くことができる——これが文章作成の真実ではないでしょうか。

くどいようですが、読む人にプレゼントを贈るためには、その大前提として読者ターゲットを明確にしておく必要があります。くれぐれも「えーっと。この文章を読む人は誰だっけ？」という状態で書き出さないようにしましょう。

読者ターゲットの「理想的な反応」を決めよう

ターゲットを決めたら、次はその読者がどんな反応をするか考えます。

多くの人が、読む人の反応を気にせず、自分勝手な文章を書いてしまっています。たとえば、企画書を書くときでも「この企画が採用されるかどうかは相手次第。自分にはコントロールすることはできない」と考える傾向にあるのです。

しかし、「だから採用されない」ともいえます。相手が決めることだから自分にはコントロール不可能。そう考えた瞬間に、採用される企画書になる確率は一気に下がります。なぜなら、**ゴール設定が甘いから**です。

どんな文章を書くときにも、必ず「読む人の反応を決める」。これが、文章の目的達成率を高める秘訣です。

では、具体的には、どのようにして読む人の反応を決めればよいのでしょうか。

方法は極めてシンプルです。

たとえば、上記の例でいえば、企画書を読んだ人にどんなリアクションをしてもらいたいか、**自分の思い描く理想の姿をリアルに思い浮かべます**。

仮にその企画書を読む人が直属の部長だったとしましょう。その部長が、企画書のタイトルを見た瞬間に目を輝かせ、中身を読みながらどんどんワクワクしていき、読み終えたとき「最高の企画じゃないか！　ぜひやろう！」と言葉を発する——これくらい具体的にイメージしてみるのです。

- **読む人が文章を見てどのような言葉を発するか**
- **どのようなアクション（体の動きを含む）をとるか**

頭のなかで、最低限この２つの具体的にイメージができていれば、合格です。

第２章で、「人間の脳は忘れやすいという特徴がある」とお伝えしました。その一方、脳には、イメージどおりのものを引き寄せるという特徴もあります。多くのアスリートがイメージトレーニングを重視している理由も、おそらく同じでしょう。**頭のなかでイメージできたことは現実化しやすい**のです。それゆえアスリートは、理想のイメージを作り上げることに熱心なのです。

文章作成も同じです。

企画書を書いた本人が「この企画じゃどうかな……」と思っていたとしたら、十中八九、企画採用の芽はないでしょう。逆にいえば、理想とかけ離れたイメージしか浮かばない状態で、文章を書き始めてはいけないということ。

「ネガティブな反応のイメージしか浮かばない＝ゴール設定が甘い」というサインなのです。文章の書き手は、そのサインに敏感でなければいけません。

次は、文章別の「読む人の反応（ゴール設定）」例です。

読む人の理想の反応

- **企画書**→すばらしい提案だ。実現に向け、あなたを中心に早速進めてほしい！
- **セミナーなどのレポート**→こんな話があったのか。勉強になるなあ。君に行ってもらって良かったよ！
- **仕事の依頼メール**→メリットの多いすばらしいオファーだ。喜んで引き受けよう！
- **お詫びのメール**→お詫びの気持ちは十分に伝わりました。今回の件は水に流します！
- **ブログの記事**→これは役に立った！　みんなにも知ってもらいたいからＳＮＳでシェアしよう！
- **キャンペーンのＤＭ（ダイレクト・メール）**→これはお得なキャンペーンだ。ぜひ応募しよう！
- **大学の論文**→テーマも内容も申し分ない。データも豊富で読み応え十分だ。次の学会の発表者として推薦しよう！
- **好きな人へのラブレター**→私もあなたのことが大好き！

このように、あなたが文章を書いて、何かしらの目的を達成したいなら、まず、読む人の反応を決めましょう。**決めた瞬間から、あなたの書く文章に変化が生まれ、その質が格段に高まるはずです。**

読者ターゲットのニーズを把握する「5つの質問」

読者ターゲットを設定したら、必ず行わなければいけないことが、**「その読者のニーズを把握すること」**です。ニーズとは「欲求」「要求」「需要」などの意味をもつ言葉ですが、抽象的でわかりにくい言葉でもあります。そういう人のために、ニーズを把握するための5つの質問をご紹介します。

質問1　読者はどんなことに悩んでいるか？（困っているか？）
質問2　読者は何に不安を感じているか？
質問3　読者はどんな情報を（顕在的に）必要としているか？
※顕在とは、はっきりと形に現れて存在すること
質問4　読者はどんな情報を（潜在的に）欲しているか？
※潜在とは、外に表れず、内に潜んで存在すること
質問5　読者は何になら（お金を）いくら払うか？
※ビジネスシーンを想定

これらの質問に対する答えが手に入れば、ある程度、読者ターゲットのニーズは把握できるでしょう。

では、ニーズを把握するためには、どうすればいいのでしょうか。想像するのも大切ですが、それではなかなかリアルなニーズがつかめません。「机上の空論」に終わってしまう可能性もあります。とくに頭のなかで考えたニーズは、得てして書き手にとって都合のいいものになりがちです。あまり信用してはいけません。

やはり、**読者ターゲットと実際に話をするのが一番**です。「話を聞いてリサーチしよう」という体ではなく、相手と雑談するつもりで気軽に話を聞いてみてください。きちんと話を聞くよりも本音を含め、読者ターゲットのニーズがつかみやすくなります。

どうしても雑談する機会がない場合は、読者ターゲットが集まりそうなインターネット上の「交流サイト」や「Q＆Aサイト」をチェックするなどして、読者ターゲットのニーズをリサーチする方法もあります。あるいは、ふだん読者ターゲットに接している人にヒアリングするのも良い方法です。**読者ターゲットが集まりそうな場所がわかれば、そこに実際に足を運び、会話に耳を傾けるだけでも、リアルな情報をキャッチしやすくなります。**

たとえば、読者ターゲットが「居酒屋好きな人」だった場合、どんな情報を必要としているでしょうか。

居酒屋のメニューはもちろん、日本酒、焼酎、ビール、ウイスキー、ワインなど、各種お酒の情報や、それらに合う「おつまみ」の情報を知りたがっているかもしれません。

あるいは、居酒屋の雰囲気や形態について知りたがっている可能性もあります（立ち飲み屋／完全個室／営業時間／料金／インテリア／ＢＧＭ／ポイントカードなどのサービス／忘年会への対応など）。

このように読者ターゲットを明確にしたうえで、どのようなニーズがあるか把握していれば、プレゼント要素のある文章を書くことは、決して難しいことではありません。

本章でお伝えした内容をまとめたものが、**表3－2**の文章作成ピラミッドです。

表3－2　うまい文章＝目的を達成できている文章

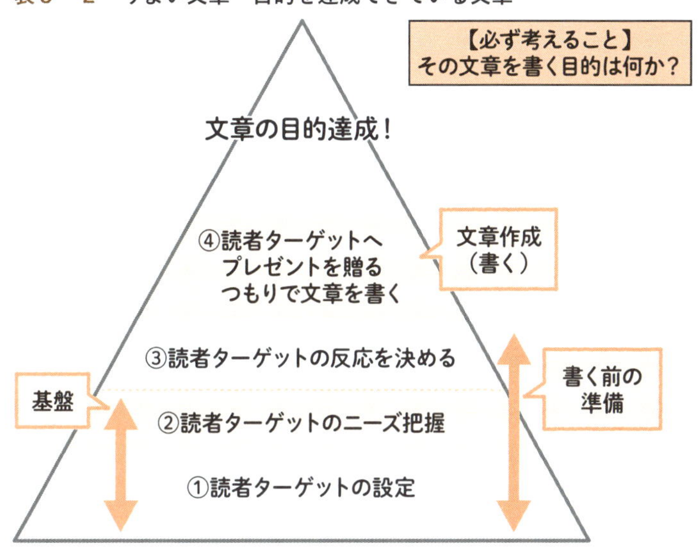

くり返しになりますが、文章を書くときには必ず目的があるはずです。本書では、その目的を上手に達成できている文章のことを「うまい文章」と定義しています。

うまい文章を書くためには、**「①読者ターゲットの設定」「②読者ターゲットのニーズ把握」をすることが大切**。この２つがピラミッドの土台を支える必須要素です。この土台がぐらついているとピラミッドは崩壊しかねません（つまり、「うまい文章」になる確率は下がる、ということ)。

また、**文章を書き出す前に、必ず「③読者ターゲットの反応」を決めます**。そのうえで、**④読者ターゲットにプレゼントを渡すつもりで文章を書いていきます**。読者ターゲットがそのプレゼント要素を含んだ文章を読んで喜んでくれれば花マル。その文章が、あなたの目的を達成する確率は格段に上がります。

もしも今、あなたが書く文章が、その文章の目的を達成できていないとしたら、①〜④のどこかに不備があるはずです。どこが十分なのか、よくチェックしてみましょう。次のチェック項目を見ながらぜひ書いてみてください。

文章の目的達成チェック項目

①読者ターゲットを設定する

②読者ターゲットのニーズを把握する

・読者はどんなことに悩んでいるか?

・読者は何に不安を感じているか?

・読者はどんな情報を(顕在的に)必要としているか?

・読者はどんな情報を(潜在的に)欲しているか?

・読者は何になら(お金を)いくら払うか?

③読者ターゲットの反応を決める

④読者ターゲットにプレゼントを渡すつもりで書く

プレゼントを渡す気持ちで「ブログ」を書いてみよう

ここまで紹介してきた「読者ターゲットを設定する」「ニーズを把握する」「理想的な反応を決める」は、仕事で書く文章に限らず、多くの文章で重要です。

たとえば、あなたが自分のブログに「コミュニケーション」をテーマにした記事を書くとします。

- **読者ターゲットは誰か？**
- **読者にどのようなニーズがあるか？**
- **読者にどんな反応をしてもらいたいか？**

これらを考えたうえで、書き始めます。
次の文章１を見てみましょう。

文章１

私の友人にコミュニケーションの達人がいます。
どんな人とも仲良くなれるスゴい女性なのです。
きっと何か秘訣があるはず！
そう思って彼女のことを１年近く観察し続けました。
すると、少しずつ見えてきたのです。
コミュニケーション上手な人のコツが。

私も彼女から得た学びを少しずつ、
自分のコミュニケーションに活かしていますが、
今のところ効果てきめんです！

まだまだ彼女の足元にも及ばないけど、
引き続き、コミュニケーション上手を目指していきます。

いかがでしょうか。書き手の体験談を語っており、引き込まれる部分がなきにしもあらずです。読み進めながら「コミュニケーション上手になるための秘訣が書かれているのかな？」と期待を膨らませた人もいるでしょう。

しかし、その先を読み進めても、秘訣らしきことはいっさい書かれていません。これでは、読む人は肩透かしを食います。そのため、「なんだ、せっかく読んで損した」「もう二度とこの人のブログは読むまい」と思う人が出てきてもおかしくありません。

なぜ、このような残念な結果を招いてしまうのでしょうか？　それは、**書き手の頭から「読む人にプレゼントしよう」という意識が抜け落ちている**からです。

この記事であれば、「きっと何か秘訣があるはず！」「少しずつ見えてきたのです。コミュニケーション上手な人のコツが」と自ら書いているわけですから、その先で秘訣やコツを示さないのは不親切といわざるを得ません。

読む人が知りたいことを書かない限り、読者にプレゼントはできません。情報を出し惜しみするクセのある人は要注意です。

読む人にプレゼントするつもりで文章を書くには、あらかじめ9

マスを使って、相手が喜びそうなプレゼントを洗い出しておきましょう。箇条書きでかまいません。

79～80ページにある文章1であれば、何が読者にとってのプレゼントになるでしょうか。きっと、「コミュニケーション上手な人の特徴（秘訣）」を書くことがプレゼントにあたるはずです。

実際に、コミュニケーション上手な人の特徴を、9マスを使って書き出してみましょう。表3－3は、その一例です。

表3－3　9マスで読者が喜ぶ内容を洗い出す

❶ 相手の目を見る	❷ 笑顔で接する	❸ 会話のなかで頻繁に相手の名前を呼ぶ
❹ タイミングよく相づちを打つ	【テーマ】コミュニケーション上手な人の特徴	❺ 相手の話に耳を傾ける（傾聴）
❻ 声の大きさやスピードを相手に合わせる	❼ 相手の意見を否定しない（受け止める）	❽ 相手が理解しやすい言葉と表現を使う（ジェスチャー含む）

もちろん、書き出したすべての事柄を記事に盛り込む必要はありません。短文であれば、最も重要なものに絞って書く、あるいは、いくつか選んで書く、長文であればすべて盛り込むなど、その文章の目的や必要な分量に応じて書き分けるようにします。

表３−３のようにプレゼント要素を洗い出したら、改めてどんな文章になるか、考えてみましょう。事例を紹介します。

文章２

私の友人にコミュニケーションの達人がいます。
どんな人とも仲良くなれるスゴい女性なのです。
きっと何か秘訣があるはず！
そう思って彼女のことを１年近く観察し続けました。
すると、少しずつ見えてきたのです。
コミュニケーション上手な人のコツが。

なかでも、私がすばらしいと思ったのは、
彼女がどんな人の意見にも耳を傾けて、
それを否定せずに受け入れていることでした。
考えてみれば、自分の考えや意見を受け入れてもらって
うれしくない人はいないですよね。
彼女にはそれがわかっているのだと思います。

また、彼女は会話中、頻繁に相手の名前を呼びます。
「そのアクセサリー、すてき！」よりも
「彩乃のそのアクセサリー、すてき！」のほうが
いわれたほうは心地いいですよね。
それが自然とできているところがスゴいなあ、と。

それと、基本的なことかもしれないけど、
彼女は話をするときに必ず笑顔で、

相手の目をちゃんとまっすぐ見るんです。
しかも、相手の話のリズムに合わせて、
タイミングよく相槌を打ってくれるのです。
あれだけの「笑顔×リアクション」で接せられると、
どんな人だって喜ぶと思います。

私も彼女から得た学びを少しずつ、
自分のコミュニケーションに活かしていますが、
今のところ効果てきめんです！

まだまだ彼女の足元にも及ばないけど、
引き続き、コミュニケーション上手を目指していきます。

9マスで書き出した材料をもとに、記事を膨らませました。文章1と比べて文章2は、読む人にとってのメリットが多数盛り込まれています。コミュニケーション上達の秘訣が書かれているので、「役立った」「タメになった」「私も実践してみよう」と思う人もいるでしょう。感謝の気持ちを込めて、自分のSNSでシェアする人もいるかもしれません。あるいは、この記事を読んで、人生が大きく変わる人もいそうです。そうなれば、読者へのプレゼント作戦は大成功です。

とくに**ツイッターやFacebookなどのSNSでは、反響が「シェア」や「リツイート」、「いいね」の数に表れます**。自分の書いた文章が、読者のプレゼントになっているかどうか気になる場合は、SNSに投稿してみるのもいいでしょう。

履歴書・志望理由書にも「プレゼント」の気持ちを込めよう

就職（転職）活動をする際にも、９マスを使ってプレゼント要素を書き出す方法が有効です。

就職（転職）活動は、いわば、企業に自分自身を買ってもらう“営業活動”。自分が志望する会社にどう貢献できるのか、（能力を含め）何をプレゼントできるのかを示す必要があります。テーマを「自分の強み」として、実際にマス目に書き出してみましょう。

９マスを使って頭のなかに漠然とあった強みをアウトプットする

表３－４　９マスを使って「自分の強み」を洗い出す

❶ リーダーシップ	❷ 明るさ	❸ アイデア力
❹ 継続力	【テーマ】就職（転職）時の志望理由書 自分の強み	❺ 集中力
❻ 逆境克服力	❼ 楽観的な思考	❽ 年間100冊の読書

（可視化する）ことで、自分のセールスポイントが見えてきます。もちろん、ここでする自問は「**自分の強みは何ですか？**」です。

次に、なかでも際立つ強みに絞って、さらに深掘りしていきます。

アウトプットした強みをそのまますべて書くことはオススメできません。1つひとつの強みが希釈されて、結局、何ひとつ強みが伝わらなくなってしまうからです。

たとえば、次の文章1のような文章になってしまうでしょう。

文章1

明るさと楽観的な思考に加え、リーダーシップやアイデア力、継続力、集中力など、仕事をするうえで必要となる能力を備えています。また、年間100冊の読書で手に入れた教養も役立つ機会があると思います。さらに、逆境にヘコたれないメンタリティも武器になると自負しています。

書かれている内容はすばらしいですが、アピールポイントが多すぎて、かえって印象に残りにくい文章になっています。

文章には、プレゼントの量が多いほうがいいケースもありますが、**スペースに限りのある志望理由書やエントリーシートの場合は、「特筆すべき強み」に絞り込んで伝えたほうが、より読む人の印象に残りやすくなります。**

たとえば、「アイデア力」が、読む人に最も喜ばれる、と思ったのであれば、それに絞ってアピール文を作成していきます。

次ページの**表3－5**は、③の「アイデア力」に絞って、さらに深掘りしたものです。

表3－5　9マスで「アイデア力」の詳細を洗い出す

❶ アイデア力が磨かれたきっかけは？ ジェームス.W.ヤング著『アイデアのつくり方』に影響を受けた	❷ どうやってアイデアを生み出しているのか？ アイデアは「AとBのかけ算」で作る	❸ どうやってアイデアを生み出しているのか？ アイデアは「市場の悩み事」から見つける
❹ どうやってアイデアを生み出しているのか？ アイデアは「常識の逆」から考える	【テーマ】 アイデア力	❺ 自分のアイデアが活きた具体例は？ アイデア成功例① 前職（ハンバーガー店）での「パパ&ママありがとう写真キャンペーン」
❻ 自分のアイデアが活きた具体例は？ アイデア成功例② SNSを使った文化祭LIVEの集客大作戦	❼ 自分のアイデアが活きた具体例は？ アイデア成功例③ 高校生向け家庭教師での偏差値20アップ大作戦	❽ アイデア力が志望先の職場でどう活きる？ 商品企画のアイデア出しで戦力となる

このように、第1章で紹介した「9マス自問自答法」を使って自問しながら書くと、より確度の高い材料が集められます。

- アイデア力が磨かれたきっかけは？（①）
- どうやってアイデアを生み出しているのか？（②③④）
- 自分のアイデアが活きた具体例は？（⑤⑥⑦）
- アイデア力が志望先の職場でどう活きる？（⑧）

このような質問に答えながら9マスを埋めていきます。もちろん、自問の内容は、洗い出す「強み」によって少し変化させる必要があります。たとえば「集中力」の詳細を洗い出す場合、②～④は「集中力を高めるために必要なことは何？」のような自問が適しているでしょう。

アイデア力についての詳細を洗い出したら、そのなかから有効な要素や事例を使って文章を書いていきます。次の文章２は、強みを「アイデア力」に絞って作成した自己アピール文です。

文章２

“アイデアボス”――それが私のニックネームです。ベストセラー書籍『アイデアのつくり方』に影響を受けてからというもの、アイデアを出すことが趣味になりました。前職のハンバーガーショップでは、中高生を対象にした「パパ＆ママありがとう写真キャンペーン」を提案。感謝の言葉を書いた特大パネルをもってスマホで写真を撮るという手軽さがうけて、キャンペーン期間中、来店者数が３割急増。その成果が認められて、全店舗でのキャンペーン展開が決まり、店長に昇進しました。アイデアの出し方には「ＡとＢをかけ算する」「市場の悩みから見つける」「常識の逆を考える」など、いくつかのアプローチがあります。貴社の商品企画でも、この能力を存分に発揮していきます。

自分の強みを「アイデア力」に絞り込んだうえで、その１点を掘り下げて伝えました。とくに目を引くのが、前職でアイデア力を発揮したキャンペーンの実例です。「私はアイデア力があります」だけでは説得力に欠けますが、**実例（とくに体験）を伝えることで、俄然、説得力が増します**。

また、アイデア力を身につけるきっかけに、書籍の影響があったことも、説得力アップに一役買っています。「自分の強みはアイデア力（絞り込み）→理由（ベストセラー本の影響）→具体例（前職でのキャンペーン成功）」と掘り下げる形で論を展開することで、軸にブレのない自己アピール文になりました。

もちろん、最も大事なことは、**その文章に「プレゼント要素が盛り込まれているかどうか**」です。とくに“自分の強み”を絞り込む際には注意が必要です。好き勝手に絞り込むのではなく、相手（企業および採用担当者）が最も喜ぶものは何か。そのことを十分に考えなければいけません。

たとえば、「企画力」を重視している職場を望むのであれば、「企画力に関連する強み」をアピールしたほうが貢献・プレゼントの効果は高まります。つまり、採用されるという目的を達成しやすくなるのです。

くり返しになりますが、**文章には必ず目的があります**。転職を希望する人の最終目的は、読者ターゲットである企業や採用者に「この人は絶対に逃したくない！」「この人を必ずや採用したい！」と思ってもらうことでしょう。それゆえ、文章を書いて読む人へ最高のプレゼントを渡す。書き手は、そこに注力する必要があります。

書くスピードが劇的にアップする！最強の「文章テンプレート」

“道先案内人”テンプレートで悩まず書けるようになる！

情報収集もした。書く前の準備もばっちり。自問自答もできる。でも、まだすらすら書けないんです……。そんな人におすすめしたいのが、**文章テンプレート**です。文章テンプレートとは文章の型のこと。**あらかじめ決められた構成どおりに書いていくことによって、悩まず文章を作り上げていくことができます。**

たとえば、このあとでお伝えする結論優先型は「①結論→②理由・根拠→③具体例→④まとめ」の順番で流れる型です。

それぞれ①〜④のパートが、書き手の代わりに質問をしてくれています。「①結論は何ですか？」「②その結論の理由あるいは根拠は何ですか？」「③何か具体例を教えてください」「④今回の文章のまとめを書いてください」という具合です。

書き手はテンプレートが投げかけてくる質問に答えるだけでＯＫ。①から順に答えていくことで、自然と文章が紡がれていきます。自分の頭で「自問」するのが苦手な人にとって文章テンプレートは“渡りに船”。心強いパートナーとなるでしょう。これまで以上に効率良く文章を書けるようになるはずです。

なお、わかりやすく伝えるため９マスを使って情報を洗い出していますが、慣れてきたら、９マスを使わず、そのままテンプレートに沿って回答してもOKです。やりやすい方法でアウトプットを楽しんでください。

読者を一瞬で釘付けにする！「結論優先型テンプレート」

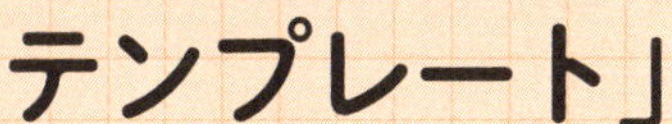

物事を理路整然と伝えたいときに使えるのが「**結論優先型テンプレート**」です。ビジネスシーンからプライベートまで、さまざまなシーンの文章作成に使える万能ツールです。

このテンプレートの特徴はずばり、「**結論を先に書くこと**」。日本の国語教育では「起承転結」を教え込まれますが、**情報量が爆発的に増えた現代社会で「結論を先送りする書き方」はリスク**です。

結論優先型テンプレートでは、**表4－1**のように、冒頭で結論を

表4－1　結論優先型テンプレートの流れ

結論優先型テンプレートの流れ	
結論（メッセージ）	スタート
理由・根拠	↓
具体例（詳細）	↓
まとめ	ゴール

書き、その結論で読者の興味をひきつけます。

また、結論に続いて、その理由あるいは根拠を書きます。**「結論」と「理由・根拠」をセットにすることで文章の説得力が一気に高まります。**

「具体例（詳細）」のパートでは、自身の体験談や誰かの体験談、あるいは具体的なやり方などを書いていきます。

具体例には、読む人の頭のなかにリアルなイメージを思い浮かび上がらせる効果があります。理屈だけでは理解・納得ができない人でも、具体例があることで理解・納得しやすくなります。

冒頭の結論でグイッと興味や関心を引き、読み進めていくうちに、読む人の理解度・納得度がどんどん高まっていく。これが結論優先型テンプレートの特徴です。

この結論優先型は、**ノウハウやアイデアの提示からメールによるコミュニケーション、報告書をはじめとするビジネス文章まで、さまざまなケースで役立ちます。**

たとえば、自社で月に１回、お客様宛に送付している健康系のニュースレターのなかで「フルマラソン初心者には、ホノルルマラソンがおすすめ」というテーマのコラム記事を書くとします。

結論優先型のテンプレートを使う……その前に、あらかじめ９マスを使ってホノルルマラソンの情報を洗い出しておきましょう。

９マスの中心にテーマを据え、周りを囲むようにホノルルマラソンの情報を書き込んでいきます。

読者ターゲットとなるお客様は、どんな人が想定できるでしょうか。健康系のニュースレターなので「健康に興味のある40代後半の女性」と仮定しましょう。想定する反応は、わかりやすく「ホノルルマラソンで走りたい！　と決意し、大会事務局に申し込む」とします。

このようにそれぞれ仮定したうえで、「フルマラソン初心者にホノルルマラソンがおすすめ」な理由（情報）をはじめ、読者ターゲットに響きそうなプレゼント要素を考えます。

第１章でご紹介したベーシック質問で基本的な情報（ここではホノルルマラソンについて）を洗い出し、スコップ質問でそれぞれの情報を深掘りしていきましょう。

集めた情報をまとめたものの例が、次の**表４－２**になります。

表４－２　９マスで「ホノルルマラソン」の情報を洗い出す

❶ホノルルマラソンとは？ ハワイのオアフ島のホノルル市で毎年12月に開催されるマラソン大会	❷参加人数は？　日本人もいるの？ 参加者は毎年2～3万人。そのうち約半数が日本人	❸はじめてマラソンを走る人におすすめの理由は？ 制限時間がない。別称「世界一ゆるい市民マラソン大会」
❹はじめてマラソンを走る人におすすめの理由は？ 南国のリゾート地で開放的な気分で走れる（コースの風景も気持ちいい）	【テーマ】 初心者におすすめのホノルルマラソン	❺はじめてフルマラソンを走る人におすすめの理由は？ 満７歳以上の健康な人なら誰でも参加できる
❻制限時間がないのは、そんなにいいこと？ 初心者にとって制限時間は大きな不安&プレッシャー（制限時間がなければリラックスして走れる）	❼制限時間がないのは、そんなにいいこと？ 制限時間がなければ完走率が高まる（ホノルルマラソンの完走率は99%といわれている）	❽制限時間がないのは、そんなにいいこと？ 疲れたら歩けばOK。10時間以上かけて完走する人もたくさんいる

表４－２では、ホノルルマラソンの利点である「制限時間がない」という点を、スコップ質問で掘り下げました（⑥～⑧）。

9マスを使って情報を洗い出したら、いよいよテンプレートの登場です。9マスで洗い出した情報を元に、結論優先型テンプレートに沿って情報を書き出していきましょう。ちなみに、今回は250～300文字のコラムを想定しています。

表4－3　結論優先型のテンプレートに沿って書いてみる

結論（メッセージ）	はじめてフルマラソンに挑戦するならホノルルマラソンがおすすめ！
理由・根拠	ホノルルマラソンは「世界一ゆるい市民マラソン大会」といわれている（制限時間なし）
具体例（詳細）	他のマラソン大会のように途中で失格になることがない（10時間以上かけてゴールする人もいる）
まとめ	マラソン初心者にとって、制限時間がない大会はプレッシャーが少ない

書き出すだけで構成（流れ）ができあがりました。

次は本番です。書き出した素材を使いながら、文章を書いていきます。もちろん、文章を書きながら新たに思い浮かんだ事柄や情報なども、そのつど盛り込んでOKです。

文章1

はじめてフルマラソンに挑戦するなら、毎年12月にハワイ

のオアフ島で行われているホノルルマラソンがおすすめです。【結論】

なぜなら、ホノルルマラソンには「何時間以内にゴールしなければいけない」という制限時間が設けられていないからです。「世界一ゆるい市民マラソン大会」とも言われています。【理由・根拠】

事実、途中で失格になることがないため、2万人以上の参加ランナーの完走率は99％だとか。なかには10時間以上かけてゴールする人もいます。【具体例】

制限時間というプレッシャーがないのは、マラソン初心者にとって大きなアドバンテージといえるでしょう。あなたも挑戦してみませんか？【まとめ】

理路整然とした文章になりました。

ビジネスシーンでも「論理性」「簡潔さ」が求められる機会が増えています。この**結論優先型テンプレートを使えば、大きく話が脱線することはありません。**

とくに、ふだん支離滅裂な文章を書きがちな人や、他人から「それでこの文章の結論（要点）は何？」「意味がよくわからないんだけど……」などの指摘を受けがちな人は、積極的に活用しましょう。

効率良く書けて意図も伝わる！「列挙型テンプレート」

複数の情報が入り組んだ文章は読みにくく、読む人の理解度を下げてしまいます。そんなときに重宝するのが**表４－４**の「**列挙型テンプレート**」です。メールから各種ビジネス文章、ＳＮＳでの投稿まで、さまざまなシーンに活用できます。

表４－４　列挙型テンプレートの流れ

スタート ↓ ゴール
全貌（列挙個数の提示）
列挙1
列挙2
列挙3
まとめ

列挙型のポイントは、文章の冒頭でどんなテーマで、いくつの情報を列挙するかを、文章の冒頭で伝えてしまう点にあります。

たとえば「3つのポイントがあります」「5つの注意点があります」「2つのコツがあります」という具合です。

列挙する個数は2つから、最大でも7つまでに抑えておきましょう。8つ以上になると情報量が多すぎて、読む人が受け取り切れません。**読む人の「受け取りやすさ」を考えると、3つか5つがおすすめです。**

たとえば、自身が趣味で運営する「ビジネスパーソン応援ブログ」に、「昼寝を推奨する記事」を書くとしましょう。このとき、やみくもに「昼寝のメリット」を書き連ねるのではなく、列挙型を使って、項目ごとに説明していきます。

表4−5のように、あらかじめ9マスを使って「昼寝」の情報を洗い出しておくといいでしょう。昼寝の推奨記事ですので、昼寝が

表4−5　9マスで情報を洗い出す

❶ 従来までの昼寝のイメージは？ 怠けている。仕事をサボっている。良いイメージはなかった	❷ 近年、昼寝のイメージはどう変わった？ 昼寝にはたくさんのメリットがあることが科学的に証明され始め、見方が大きく変わった	❸ 昼寝を取り入れている企業はある？ GoogleやNikeなどの世界的企業で取り入れられ、世界的に広まりつつある
❹ 昼寝のメリットは？ 1日の睡眠量を増やすことができる（慢性的な睡眠不足の解消）	【テーマ】 ビジネスパーソンにとっての「昼寝」のメリット	❺ 昼寝のメリットは？ 記憶の定着力が高まる
❻ 昼寝のメリットは？ 脳の疲労回復効果	❼ 昼寝のメリットは？ 集中力アップ効果	❽ 昼寝のメリットは？ 免疫力アップなどの健康効果

もたらすメリットを多めに書き出していきます。

９マスを使って情報を洗い出したら、次に、列挙型テンプレートに沿って情報を書き出していきましょう。ちなみに、今回は400文字程度のコンパクトな記事を想定しています。ブログ記事としてはさほど多い文字数ではないため、列挙項目は３つに絞ります。

表４－６　列挙型のテンプレートに沿って書いてみる

全　貌（列挙個数提示）	「昼寝」の習慣にはビジネスパーソンにとって３つのメリットがある。
列　挙　１	寝不足の解消。 １日の睡眠時間量を増やすことができる。
列　挙　２	記憶の定着力がアップ。午前中に学んだ内容が記憶に定着しやすくなる。
列　挙　３	集中力のリセット効果。 疲れた脳が回復して、午後の集中力が高まる。
ま　と　め	健康にも良く集中力も高まる「昼寝」は、 ビジネスパーソンにとって欠かせないでしょう。

もちろん、書き出していくうちに、「やはり列挙する項目は４つにしよう」「５つにしよう」と変更が出てもかまいません。**列挙する項目の数は、あくまでも、「読む人が受け取りやすいかどうか」を基準に考えるようにしましょう。**列挙するポイントを書き出したら本番です。書き出した情報を元に文章を書いていきます。

文章1

1日20分程度の「昼寝」を習慣化することで、ビジネスパーソンは3つのメリットを手にすることができます。【全貌（列挙個数の提示）】

1つ目が「睡眠不足の解消」です。多くのビジネスパーソンが慢性的な睡眠不足を抱えています。昼寝の習慣を実践することで、1日の睡眠時間を総合的に増やすことができます。【列挙1】

2つ目が「記憶の定着力アップ」です。人間は睡眠中に情報を記憶・整理する仕組みをもっています。昼寝をすることで、午前中の仕事の情報が、効率良く記憶に定着します。【列挙2】

3つ目が「集中力のリセット効果」です。昼寝をすることで、午前中の仕事で疲れた脳が回復。午後の集中力が高まります。【列挙3】

健康にも良く仕事のパフォーマンスも高まる「昼寝」は、すでにGoogleやNikeなどの世界的な企業でも取り入れられ、世界的に広まりつつあります。ビジネスパーソンにとって欠かせないでしょう。【まとめ】

多くの人が「整理されていて読みやすい」と感じる文章ではないでしょうか。

列挙型のテンプレートは、いわば「クローゼットのなかの収納棚」のようなものです。仮に3段の収納棚があった場合、多くの人が【1段目：靴下　2段目：下着　3段目：Tシャツ】のような分け方をするのではないでしょうか。

なぜなら、種類別に分けたほうが見つけやすいからです。種類別に分けず、ごちゃごちゃに靴下や下着やTシャツを棚に放り込んでいたら、探すときに相当苦労するはずです。種類別に分けていたら、ほしいときにサッと取り出すことができるでしょう。

列挙の項目も収納棚と同じです。**情報別に並べてあげることで、読む人が労せず（ストレスなく）読むことができる**のです。

ちなみに、文章１で使った「１つ目が〜」「２つ目が〜」といった書き方以外にも、列挙項目に使える接続ワードには、以下のようなものがあります。内容に応じて最適なものを選びましょう。

・第一に〜／第二に〜／第三に〜
・はじめに〜／続いて〜／最後に
・まず〜／次に〜／さらに（そして）〜

なお、ビジネスシーンでも列挙型テンプレートの使いどころは多々あります。以下は講演会を主催する企業の担当者への質問メールです。文章２と文章３を読み比べてみてください。

文章２

週明け（６日）の講演会の件ですが、当日の開演時間は何時でしょうか。
また、講演での質疑応答はありますか。
もし分かれば教えていただければと思います。
それと、会場で佐々木氏の本を購入することはできますか。
お手数をおかけしますが、ご確認をよろしくお願いいたします。

文章３

週明け（６日）の講演会の件で、以下３点の質問がございます。

１：当日の開演時間
２：講演での質疑応答の有無
３：佐々木氏の本の販売の有無（会場内にて）

以上です。
お手数をおかけしますが、ご確認をよろしくお願いいたします。

テンプレートを使わずに質問事項を羅列したメール（文章２）よりも、列挙型を使って質問事項をまとめたメール（文章３）のほうが断然読みやすく感じたと思います。

文章２の場合、もしかすると、メール受信者が、質問事項を読み落としてしまうリスクもあります。また、書き手にとっても、頭のなかにちらばっている情報を１つの文章にまとめていく作業は、なかなか骨が折れます（時間もかかります）。

一方、文章３であれば、１～３の番号と共に質問事項を列挙しているため、読む人が見落とすリスクは少ないはずです。書き手も、悩まず書くことができ、効率的です。

とくに**メールで複数の情報を伝えるとき（確認するとき／質問するとき）には、列挙型テンプレートを賢く使いましょう。**

読む人の共感を集めやすい「ストーリー型テンプレート」

結論優先型や列挙型テンプレートが、読む人に理解・納得してもらいやすいものだとしたら、これから紹介する**「ストーリー型テンプレート」は、読む人に共感してもらうためのもの**です。

とくに近年は「共感の時代」と言われています。理屈やデータに納得しても、共感を得られなければ、文章の目的を達成できないケースもあります。その点、**ストーリー型で文章を書くと、読む人（とくに読者ターゲット）に共感してもらいやすくなります**。感情が動けば行動などにもつながり、文章の目的が達成しやすくなるのです。

次ページの**表4－7**からもわかるように、ストーリー型の大きなポイントは、**冒頭の「発端」**です。この発端では、**「マイナス地点」を表現します**。

映画やドラマの主人公は冒頭、「お金を失った」「リストラにあった」など、マイナス地点にいることが少なくないと思います。主人公がマイナス地点にいればいるほど、見る側が感情移入しやすくなります。おそらくこれは、人間誰しもが「失敗体験」や「弱い自分」をもっているからなのでしょう。

この特性を活かしたのがストーリー型テンプレートです。発端で表現する「マイナス地点」は、**読む人の興味・関心を引くうえで欠かせない材料**と心得ておきましょう。

表4－7　ストーリー型テンプレートの流れ

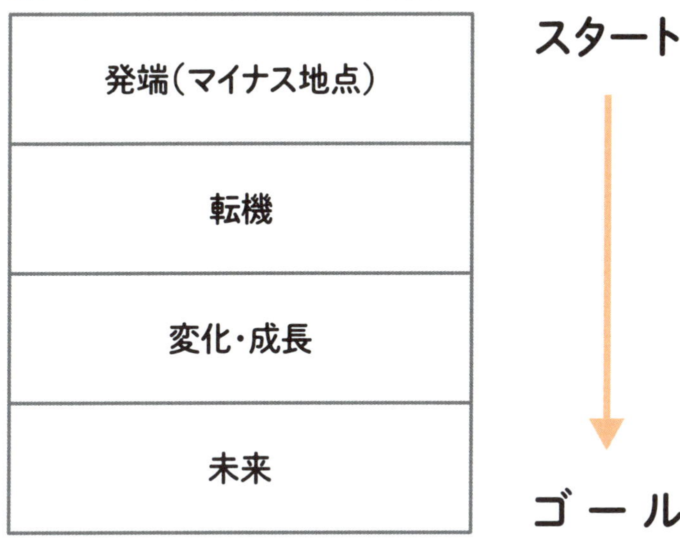

もっとも、主人公がマイナス地点に止(とど)まり続けたら、ストーリーにはなりません。感情移入もしづらいでしょう。

主人公には必ず転機が訪れます。転機は「人との出会い」「新しい職場との出会い」などさまざまです。それらの転機をきっかけに、主人公は大きく変化・成長していきます。

最後はハッピーエンドをイメージして「明るい未来」を夢見るような終わり方を心がけましょう。**「発端（マイナス地点）」から「成功」への軌跡を書くことで、共感や感動が生まれやすくなります。**

とくに**第１パートの「発端（マイナス地点）」と第４パートの「未来」の落差が大きければ大きいほど、ストーリーの共感・感動効果が高まりやすくなります。**

たとえば、「効果的な英会話学習法」をテーマに、教育業界誌のコラム執筆を依頼されたとします（600〜700文字）。このようなケースでストーリー型テンプレートを使うと、リアリティが生まれ、読む人の共感を誘うことができます。

この場合も、あらかじめ９マスを使って情報の洗い出しを行います。ストーリー型を使うときは、自身の体験を時系列で洗い出していきましょう。

読者ターゲットは、どんな人でしょうか。教育業界誌なので、「学校や学習塾の先生」と仮定しましょう。読む人の反応は、「この学習法を自分の生徒たちに紹介するぞ！」とします。

それぞれの設定が終わったら、「効果的な英会話学習法」に関して、読者ターゲットに響きそうなプレゼント要素を考えます。「ベーシック質問」で英会話学習法に関する基本的な情報を洗い出し、その情報のなかから「スコップ質問」で、特筆したい情報を掘り下げていきます。学習法の紹介ですので、「その効果」と「学習法のポイント」は欠かせないでしょう。

次ページの**表４－８**の９マスには、英会話がなかなか上達しなかった書き手が、英会話のスキルがアップするまでに努力した内容とその成果を書いてみました。ではこれらの素材を使って、ストーリー型の枠に当てはめてみましょう。

表４－９のように、書き出したものを読むだけでも、この英会話学習法の魅力やメリットが伝わってきます。冒頭で「英会話が上達しなかった書き手の様子（マイナス地点）」が表現されているため、読者ターゲット（例：英会話を勉強しようと思っている人）も思わず感情移入してしまうでしょう。

表4－8　9マスで情報を洗い出す

❶以前の自分は？ 英会話が苦手だった。基本は独学で勉強。英会話教室に通った時期もあったが上達しなかった	❷効果が高かった英会話学習法との出会いは？ 会社の同僚から英語のドラマの鑑賞を勧められた	❸どんなドラマを鑑賞した？ 90年代にヒットしたアメリカのホームコメディドラマ「フレンズ」
❹鑑賞時に工夫した点は？ 1回目は字幕あり、2回目以降は字幕なしでくり返し鑑賞	【テーマ】 **私にとって効果が高かった英会話学習法**	❺くり返し鑑賞するなかで自分にどんな変化が見られた？ 1ヶ月が過ぎた頃から少しずつドラマの内容が理解できるようになった(そのうち爆笑するまでになった)
❻くり返し鑑賞するなかで自分にどんな変化が見られた？ ドラマで使われる日常会話を自分でも楽しめるようになった	❼「英語ドラマくり返し視聴法」の魅力は？ スマホやタブレットを使えばスキマ時間を活用して英会話が学べる点	❽「英語ドラマくり返し視聴法」の魅力は？ ドラマを楽しみながら自然と日常英会話を身につけることができる点(勉強している感覚がない)

表4－9　ストーリー型テンプレートに沿って書いてみる

発端(マイナス地点)	以前の私は英会話が苦手。 英会話教室に通っていた時期もありますが、あまりにも上達しないので、途中でやめてしまいました。
転機	同僚から「英語のドラマをくり返し見るといいよ」と教えられ、ホームドラマ『フレンズ』をくり返し見ることに。 1回目は、わからない単語やフレーズを調べましたが、2回目以降は字幕も英語に切り替えて見るように。
変化・成長	あるとき、ふとした瞬間にドラマの会話がすーっと頭に入ってくるようになったのです。 その回数が少しずつ増えていき、気づけば、英語を聞きながら爆笑するまでになりました。
未来	今ではすっかり「英語ドラマくり返し視聴法」が習慣化。 ドラマを楽しみながら、日常会話のスキルが身につく。 こんなお得な英会話学習法はありません。 なかなか英会話が上達しないという人にオススメします。

では、**表4－9**で書き出した素材をもとに文章を作成してみます。

文章1

以前の私は英会話が本当に苦手でした。英会話教室に通った時期もありますが、あまりにも上達しないので、途中でやめてしまいました。英会話の本を買い込んで独学で勉強もしましたが、一向に話せるようになりません。「自分には英会話の才能がない」とあきらめていました。【発端（マイナス地点）】

そんなあるとき、会社の同僚から「英語のドラマをくり返し見るといいよ」と教えられました。私は、『フレンズ』というホームドラマを１本選び、くり返し見続けました。１回目こそ日本語字幕を見て、わからない単語やフレーズを調べましたが、２回目以降は字幕も英語に切り替えて見るようになりました。【転機】

１ヶ月ほど経過したあるとき、ふとした瞬間にドラマの会話がすーっと頭に入ってくる感覚がありました。気づけば、英語を聞きながら爆笑するようになっていました。

ときを同じくして、あるパーティーで出会ったアメリカ人と、英語ですらすらとやり取りすることができたのです。ヒアリングもスピーキングもノーストレス。自分でもびっくりしました。【変化・成長】

今ではすっかり「英語ドラマくり返し視聴法」が習慣化。スキマ時間での視聴を楽しんでいます。

純粋にドラマの内容を楽しみながら、自然と日常会話のスキルが身についていく。こんなおトクな英会話学習法はありません。

なかなか英会話が上達しない人にも、自信を持ってオススメします。【未来】

「発端（マイナス地点）」の主人公と「変化・成長」を経て「未来」へと進んだ主人公は、まったくの別人です。この**落差がストーリー型文章の醍醐味であり、読む人の共感を誘うポイント**です。なかには早速この学習法を試そうと思う人もいるはずです。

この勉強法を理屈で説明しようとしても、これほど大きな共感は生まれないはずです。同様に、先ほどの文章１から「発端（マイナス地点）」のくだりが省かれていても、「この学習法を試してみよう！」とは思わないかもしれません（単に、英会話が得意な人の「自慢話」に聞こえてしまう恐れもあります）。

読む人の賛同や共感を誘い、なおかつ行動へと移すためには、ストーリー型テンプレートが大きな力を発揮するのです。

ストーリー型の文章というと、たいそう壮大なドラマを紡がなければいけないと思っている人もいるかもしれませんが、そんなことはありません。身の回りの出来事をネタに、誰もが気軽に使えるテンプレートです。たとえば次の文章２をご覧ください。

文章２

縁石につまずいた。「危ない！」と思った瞬間、最大限に体勢を立て直し、どうにか転倒を免れた。

この短い文章にもストーリーの要素が詰まっています。これくらいの分量であれば、最後のパートの「未来」は省いても成立します。

・発端　縁石につまずいた
・転機　「危ない！」と思った瞬間、何とか体勢を立て直した
・変化・成長　どうにか転倒を免れた

「発端」と「変化・成長」の間に大きな落差があります。

さらにこのストーリーを、文章3のように、もっと短く表現することもできます。

文章3

「あっ、まずい！【発端（マイナス）】
　えいや！【転機】
　ふー、助かった！」【変化・成長】

このように、わずか20文字程度でも、臨場感のあるストーリーを作ることができます。説明的な描写はいっさいありませんが、“間一髪”で助かった様子が頭に浮かびます。

「出来事×感情型テンプレート」で自分らしさを表現しよう

「自分では会心の出来だ！」と思える文章でも、読み手のリアクションが薄かったり、ノーリアクションだったりした経験があなたにもあるのではないでしょうか。

魅力的な文章には、必ずと言っていいほど、書き手の「感情」や「気づき」が書かれています。一方、そうでない文章には、客観的な事実ばかり書かれていて、“その人らしさ”が見当たりません。すると、読み手のリアクションが乏しくなりがちです。

情報伝達を目的とするビジネス文章はともかく、自分を表現するメディアともいえるＳＮＳに、書き手の「感情」や「気づき」がまったく書かれていないとしたら、もったいないことです。

書き手の考えや人間性が見えてはじめて、読む人はその文章に興味・関心をもつと考えておいたほうがいいでしょう。

もしもあなたが、自分の「感情」や「気づき」を書くことを苦手にしているなら、「**出来事×感情型テンプレート**」を使ってみましょう。

このテンプレートでは、１つの出来事に対して、必ず何かしらの「感情」や「気づき」を組み合わせていきます。枠に書き出していくだけでも、“自分らしさ”を表現するいいエクササイズになりますので、ぜひ試してみてください。

表4－10　出来事×感情型テンプレートの流れ

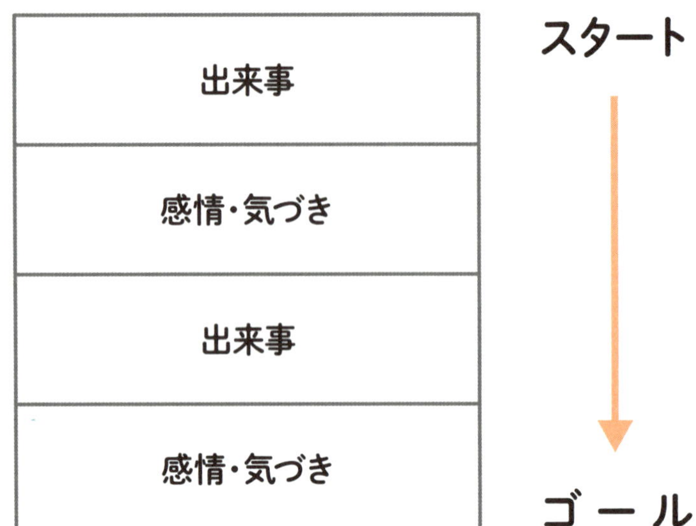

このテンプレートの場合は、9マスを使う必要はとくにありません。その代わり、出来事を書いたら、その出来事に関する書き手の「感情」や「気づき」を必ず書く。このパターンをくり返していきます。それだけで「興味深い文章」へと変化していきます。

次の文章1は、Facebookに、アメリカ旅行の際に遭遇したエピソードを記したものです。

文章1

羽田からロスへのフライト。空港でチェックインをしたら、オーバーブッキングがあったらしく、無料でビジネスクラスにアップグレードしてもらえた。

半個室の広々とした座席はフルフラットも可能。機内食のグレードも高く、食材も器も高級ホテルのコース料理レベルでした。

エコノミークラスからビジネスクラスへとアップグレードされた出来事がつづられています。特別な（ラッキーな）エピソードだとは思いますが、さほど「いいね！」がつかないかもしれません。

なぜなら、単に出来事の羅列で終わってしまっているからです。**書き手の喜びや感動が伝わってこない文章に興味をもつ人はほとんどいません。**

そこで文章1を「出来事×感情型テンプレート」に当てはめてみましょう。**表4－11**のように、書き手の感情や気づきを書き加え

表4－11　出来事×感情型テンプレートに沿って書いてみる

出来事	羽田からロスへのフライト。 空港でチェックインをしたら、オーバーブッキングがあったらしく、無料でビジネスクラスにアップグレードしてもらえた。
感情・気づき	なんという幸運！　ここ最近、仕事でもプライベートでもあまりいいことがなかったので、余計にテンションが上がった。
出来事	半個室風の広々とした座席はフルフラットも可能だった。
感情・気づき	もともと私は飛行機で眠るのが苦手だったが、まっすぐに体を伸ばすことができたので、ぐっすり眠ることができた。 時差ボケがほとんどなかったのは、機内で熟睡できたお陰。
出来事	機内食のグレードも高く食材も器も高級ホテルのコース料理レベルだった。
感情・気づき	至福の時間を過ごした。前菜、メイン、デザート…… 一皿食べたら、次のお皿が出てくる。この気遣いだけでも、もてなされている「特別感」を味わうことができた。 生まれてはじめて機内食がおいしいと感じた。

ていきます。自分ならどう感じるか、情報をアウトプットしていきます。「感情」や「気づき」を書き出すことで、文章の内容に厚みが生まれました。最後に、書き出した素材をもとに文章を書きます。

文章2

羽田からロスへのフライト。空港でチェックインをしたら、オーバーブッキングがあったらしく、無料でビジネスクラスにアップグレードしてもらえました。

なんという幸運！　ここ最近、仕事でもプライベートでもあまりいいことがなかったので、余計にテンションが上がりました。

半個室風の広々とした座席はフルフラットも可能。もともと私は飛行機で眠るのが苦手……しかし、今回はまっすぐに体を伸ばすことができたので、ぐっすり眠ることができました。時差ボケにならなかったのは、機内で熟睡できたお陰です。

また、機内食のグレードも高く（食材も器も高級ホテルのコース料理レベルでした）、至福の時間を過ごしました。前菜、メイン、デザート……１皿食べたら、次のお皿が出てくる。この気遣いだけでも、「もてなされている感」満点！　機内食がおいしいと感じたのは、生まれてはじめてです。

この文章２であれば、「書き手の心情」を追体験できるため、感情移入しやすく、また、共感も生まれやすいはずです。先ほどの文章１よりも「いいね！」がつきやすい投稿といえるでしょう。

このように、**書き手が何を感じ、何に気づいたかを言語化することによって文章の魅力が増していく**のです。

出来事を書いたら、その次には「感情」や「気づき」を書く。これをくり返すだけで、その人らしい文章が作られていきます。

自分の気持ちを表現するのが苦手な人は、まずはテンプレートに自分の気持ちを書き出す作業から始めてみましょう。

テンプレートを使えば、文章作成スピードが劇的にアップする

ここまで4種類のテンプレートを紹介してきました。

文章の目的やテーマに応じて、適切にテンプレートを使うことで、よりスピーディかつハイクオリティな文章を紡ぐことができます。また、テンプレートを使うことに慣れてきたら、（紙に書き出さずに）頭のなかで処理することもできます。

- 結論：子どものうちに読書の習慣をつけるといい
- 理由・根拠：なぜなら、生きていくうえで重要な「言語能力」が身につくから
- 具体例１：言語能力が高まると読解力も高まるため、テストの設問を正しく理解できる（結果、テストの正解率が高まる）
- 具体例２：言語能力が高まると、人の話を理解したり、自分の気持ちを適切に伝えたりすることができるため、総合的にコミュニケーション力がアップする
- まとめ：読書の習慣を身につけることで、その子の将来の可能性は無限に広がる

頭のなかでこれくらい（箇条書き程度に）作文できれば免許皆伝です。実際に文章を書くときには、頭のなかで用意した文章が下敷きとなるため、すばやく文章を書くことができるでしょう。

加えて、実際には、頭のなかで作った文章に肉付けして書いてい

くため、内容にも厚みが出ます。つまり、おのずと文章のクオリティが高まるのです。

なお、テンプレートを使いこなせるようになったら、それらを組み合わせて**独自のテンプレートを作ることもできます。**

たとえば、結論優先型は「結論→理由・根拠→具体例→まとめ」の流れですが、「理由・根拠」のところに列挙型を組み合わせて、「理由は３つあります」と示してから「理由１」「理由２」「理由３」と挙げてから具体例に移る、という具合です。

あるいは、テンプレート同士を連結させて、ストーリー型で共感を誘ってから、結論優先型で納得感を高める、というやり方もあるでしょう。文章の目的と量に応じて、工夫を凝らしてみましょう。

「自分が最も得意な型はこれだ！」というテンプレートが１つあるだけでも、その人の文章作成スキルはぐんぐんアップしていきます。何よりも、自信をもって書くことができます。

まずは、本章でおすすめした４つのテンプレートを文章作成の武器として、使えるようにしておきましょう。

いざ実践!
最初の一歩は
SNSの140文字から

まずは「ワンメッセージ」投稿から始めよう

文章を書くエクササイズとして有効なのがＳＮＳの活用です。その理由の１つは、**誰でも気軽に投稿できる点**にあります。

ＳＮＳのなかでもツイッターは、投稿のことを「つぶやき」と呼ぶくらい気軽に使えるメディアです。はじめての人でも力まずに書き込むことができる最適なツールといえるでしょう。スマートフォンさえあれば、ササッと投稿することができます。

ツイッターで投稿できる文字は 140 文字まで。原稿用紙の半分にも満たない量です。そんなわずかなスペースで伝えられる内容は「**ワンメッセージ**」。「１つのメッセージ」だけです。

色々書いてしまいがちな人はメッセージを絞り込む必要がありますし、反対に、あまり書けない人は情報を盛り込んでふくらませる必要があります。いずれにしても字数が 140 文字と限られているので、**伝えたいことをコンパクトにまとめるトレーニングに最適**です。

たとえば、年賀状に関する文章を投稿してみることにしましょう。あなたならどんな文章を書きますか？　少し考えてみてください。年賀状を出す・出さないについて書くだけでも、いくつか考えられそうです。

ここで２つ、文章例を紹介しましょう。

文章1

年賀状を出す人と出さない人。どちらもいるみたいですねー。

文章2

今年も年賀状の時期が来たか。出すか出さないか迷う。みんなどうするんだろう？

文章１は状況を傍観しているつぶやきで、文章２は迷う気持ちを伝えるつぶやきです。このくらいの気軽さで、まずは十分です。

一方で、文章作成能力を高めるために、書き手の見解・意見を示した投稿にもチャレンジしてみましょう。

文章３の投稿には書き手の意見が書かれています。

文章3

今年から年賀状は出さないことにした。今はスマホやＳＮＳで日常的に人とつながりをもてる時代。新年だからといって改まって年賀状であいさつをしなくても、そのつど必要に応じてコミュニケーションを図ればいいと思うから。

書き手の意思や判断、もっと言うと、価値観や哲学、思想といったものは、文章を書くうえで欠かせない原動力です。

もしもあなたが、**自分の書く文章で読み手の心を動かしたいなら、自分の内側にある感想や意見を明確にした投稿にトライしてみましょう。**

「感じたこと」を大切にするとキャラが際立つ

自分の内側にある感想や意見を明確にしようといっても、「いきなり明確にするのは難しい」と思う人もいるでしょう。
「こんなことを書いたら嫌われるかもしれない」「自分の意見は極端すぎるのでは」と、投稿する前から敏感になってしまう気持ちもわかります。

ただ、世の中の多くの出来事は、簡単に「良し悪し」で割り切れるものではありません。たとえば、お酒を飲むことにはメリットもあればデメリットもあります。「お酒を飲むことが好き」とあなたが思っていたとしても、そうではなく、「お酒が大嫌い」と思っている人もいます。

そうした周りの意見を気にしすぎていると、自分の意見をもてなくなり、書くことが楽しくなくなってしまうでしょう。

良し悪しで割り切れないことは理解したうえで、なお立場を明確にすることで、書き手の"らしさ"が読む人に伝わります。書き手のキャラクターも際立ちます。

では試しに、お酒が好きな場合と、そうでない場合、２通りの文章を考えてみましょう。

文章１

私がお酒を飲む理由は、「理性」のタガを外すためだ。生きていくうえで理性は必要なものだが、理性に縛られた人生はおもしろみがない。お酒を飲むと、斬新なアイデアが湧いてきたり、人生に対して挑戦的な気持ちが芽生えたりする。お酒は「自分の殻を破る装置」として必要なものなのだ。

文章2

ボクがお酒を飲まない理由、それはＩＱが下がるといわれているからだ。「毎日お酒を飲む＝毎日数時間ＩＱを下げる」である。有限な人生において、これほど悲しいことがあるだろうか。ならばボクは、本を読むなど、その数時間を、自分の未来を作る投資の時間にあてたい。

文章１は「お酒を飲む派」の人の投稿で、文章２は「お酒を飲まない派」の人の投稿です。どちらの投稿も、自分の意見を明確にしています。そういう観点では、文章１も２も、人の心を動かすことができているといえるでしょう。

では、次の文章３はどうでしょうか。

文章3

お酒を飲むことには、良い面と悪い面の両方がありますよね。私は体調に合わせ、飲むようにしています。

決して悪いわけではありませんが、どちらの立場か明確にしていないという点では、人の心を動かしにくいといえるでしょう。

あまりにバランスを意識した投稿ばかりしていると、その人の人

間味を失いかねません（もちろん、その中立性やバランス感覚が際立てば、個性として輝くこともありますが）。最初は、間違ってもいいので、**自分のスタンスを明確にし、それを文章にすることを心がけましょう。**

「意見を明確にすると、批判されるのでは？」と不安を感じる人もいるでしょう。もちろん、その可能性はゼロではありません。ときには反論や批判が飛んでくることもあると思います。しかし、それは、あなた自身を否定するものではありません。

ほかにも、投稿後、フォロワーが減って残念に思う人もいるかもしれません。しかし、ツイッターとは個人メディア、つまり“あなたメディア”。**あなたらしさを隠して周りに同調してしまうことは、あなた自身を否定することにもなりかねません。文章力を鍛える練習にもなりません。**

人と感想や意見が違うのは当たり前のことです。人の顔色を気にするあまり、当たりさわりのない平凡なことしか書かない。こういうことをくり返していると、書き手自身にストレスが溜まり、楽しんで書くことができなくなります。読む人にしてみても、ありきたりの意見ばかりでは、おもしろみを感じないでしょう。

あなたの感想や意見を素直に表現していくことが、あなたの文章に賛同・共感してもらうための必須条件です。

インフルエンサーとなっている人の投稿を見ても、素直に感じたことを表現しているケースが多いです。

仮にフォロワーが減ったとしても、それは裏を返せば「あなたのことを応援する強いファンだけが残る」ということ。

誹謗中傷や公序良俗に反する投稿でなければオールOK。**まずは自分が今、感じていることを素直に表現しましょう。**

「自分の感想や意見を書く？　第3章で『プレゼント』をすることが大事だと書いてありましたよね？」と思った人もいるかもしれません。しかし、そこに矛盾はありません。

究極の文章作成は、**自分の感想や意見を明確に打ち出しながら、そのうえで、読者ターゲットに向けて「プレゼント」していくこと**だからです。

本章でお伝えしていることは、文章でプレゼントを贈る前段階、自分の感想や意見を書けるようになるための方法です。自分の感想や意見がしっかり書けるようになるまでは、プレゼントの意識を、いったん頭から外していただいてかまいません。

つぶやきながら「自分らしい型」を見つけよう

第４章で結論優先型テンプレートを紹介しましたが、140 文字程度の文章であれば、**最初は「結論のみ」を書くだけでも十分**です。**「結論のみ」の投稿は、自分のなかにある感想や意見を明確にするエクササイズとしても有効**です。

結論のみのつぶやき例

- **人の顔は「会う人のためにある」のかもしれませんね。**
- **「依存」と「共存」は違う。**
- **「自分には感情がない」という感情があることに気づいた。**
- **背中を押してもらいたいのであれば、まずはその背中を相手に見せなきゃね。**
- **スポーツ（とくに球技）で最も鍛えられる能力は、先読み力ではないだろうか？**

「結論のみ」をつぶやくときは、語尾にも工夫を凝らしましょう。**語尾に気を配ることで、自分が伝えたいニュアンスを的確に伝えられるようになります。**たとえば、最後のつぶやき例の語尾「先読み力ではないだろうか？」も、さまざまに変化させることができます。以下は一例です（それぞれニュアンスが異なります）。

- **先読み力だ。**

- **先読み力かもしれない。**
- **先読み力だと思う。**
- **先読み力だと思うのだが。**
- **先読み力という気がする。**
- **先読み力という気がしてならない。**
- **先読み力なのかも。**

「結論のみ」で、自分の感想や意見を明確にすることに慣れてきたら、少しずつ分量を増やしていきましょう。筆者のツイッターから「つぶやきのパターン」をいくつか抜粋します。

文章1

「休暇」と「暇」は違う。「休暇」は心と体にエネルギーを与え、「暇」はよからぬ不安と恐れを与える。

文章2

「超えられないかもしれない……」と壁を怖れる人は、まず壁の近くまで行ってみるといい。じつは壁に見えたそれは、細かく刻まれた階段の集合体になっているはずだから。

いずれの投稿も、**結論と理由**を組み合わせています。「理由」を読んだときに、読む人が「なるほど！」と思うようなら成功です。

文章3

頭のなかにあるものは「考え」ではない。あれは「靄（もや）」だ。口に出したり、文章にしたり、行動に移したりしたものが「考え」だ。

この投稿は「**否定×結論**」です。１文目が「否定」で、２文目が「結論」です。落差が生まれて、結論が光りやすくなります。

文章４

書くことがないときはどうすればいい？「書くことがない」というそのことを書けばいい。

この投稿は「**質問×結論**」です。先に質問を投げかけることで、読む人の、次にくる回答への期待を高める効果があります。

文章５

納豆に食パンを合わせる人は少ない。多くの人が納豆には白いごはんを合わせるだろう。つまり、組み合わせによって、物事の良し悪しは変わるのだ。物事が悪い方向に進んでいるときは、物事自体を変えるよりも、組み合わせを変えたほうがいいときがある。

この投稿は「**例×結論**」です。何かしらの例を引き合いに結論を伝えるやり方です。例文では「納豆の組み合わせ」を引き合いに、「物事の組み合わせ」について結論を述べています。

文章６

雑誌記者時代、原稿を書くときによく言われた言葉がある。「読者はバカだと思って書け」。もちろん、額面通りではない。「すべての読者が理解できる文章を書け」という意味だ。

この投稿は「**エピソード×結論**」です。エピソードから得た教訓を伝えるときなどに重宝します。

文章7

「ないもの」を探し続ける人生か。「あるもの」を磨き上げる人生か。それが問題だ。

この投稿は「**比較×問題提起**」です。読んだ人が「自分はどっちかな？」と考えてくれれば成功です。なかには「この投稿者はどっちなんだろう？」と考える人もいるかもしれません。いずれにしても、読む人を巻き込んでいる点に魅力があります。

文章8

昨晩、妻にこう言われた。「拓ちゃん、こんど小松菜を買ってくるから、果物と一緒にミキサーにかけてジュースを作ってくれない？ 100円あげるから」。100円って……オレは小学3年生か！

文章9

ルパン三世にハマった娘と『カリオストロの城』を見るのが、ここのところの日課。「ルパンのなかでダレが好き？」の問いに「銭形のとっつぁん！」と答える娘。こ、こいつ……ビギナーにして、早くもルパン上級者の域に達してやがるぜ。

いずれの投稿も「**エピソード×ひと言**」です。エピソードに対する感想や意見を書くことで人柄が出ます。文章8と9は少しクスっと笑ってもらいたくてツッコミ風にしています。

もちろん、大事なのは、あなたが書きやすい文体や型を見つけることです。それを見つけるためにも、まずは、**色々なパターンで投稿していくことをおすすめします。**

投稿していくなかで、「しっくりくる・しっくりこない」や「反応がある・反応がない」「書いていて楽しい・書いていてつまらない」「書きやすい・書きにくい」などのデータが集まってきます。そうこうしているうちに、自分らしい投稿のテーマや、文章のスタイルが定まってくるでしょう。

半径5メートル以内の「ネタ」を書こう

「半径5メートル以内のネタを書く」という意識も、オリジナリティのある文章を書くうえでは重要です。

たとえば、教育について語るとき、「日本の教育システムは〜」と語り始めることもできますが、大上段から教育を語るには、多くの知識や経験が必要となります。それこそ、教育者や教育をテーマに研究している学者にはかないません。

一方で、あなたの半径5メートル以内に目を向けてみてください。たとえば、あなたのお子さんとの関係性について書くことは、教育者や学者を含め、他の誰にも書けないことではないでしょうか。自分の子どもを例にあげながら日本の教育システムについて語る。これであれば、魅力的で説得力のある文章になるはずです。

では、景気についての投稿を「大上段からの投稿」(文章1)と「半径5メートル以内をネタにした投稿」(文章2)に分けて書いてみます。

文章1

政府が算出している景気動向指数を見る限り、日本が長期の景気回復期にあることは事実なのだろう。しかし、デフレや人口減少(市場縮小)の影響もあってか、国民が好景気を実感する機会はあまりない。「アベクロミクス」が効果を上げていると主張する人もいるが、あれも数字の魔法と帳尻合わせに依存したリスクの大きい政策といわざるを得ない。

文章2

日本は好景気であるという新聞記事をよく見かけるが、オレの給料は一向に増える気配がない（もちろん小遣いも！　笑）。居酒屋でも頭にネクタイを巻いて景気よく飲んでいる人は少ないし（笑）、旅行にしても、物にしても、財布のヒモがゆるまっている様子は見受けられない。ランチを500円で食べられるデフレはありがたいけど、それって好景気とは違うよね？実感できない好景気って、一体何なのだろう。国民の実感に基づいた新たな指標がほしいものだ。

「大上段からの投稿」がいけないわけではありませんが、話が抽象的かつ専門的になりがちです。その道のスペシャリストでもない人が大上段から語ると、ときに「イタい人」に思われかねません。もちろん、知識不足を露呈するリスクも高まります。

一方で、「オレの給料」「小遣い」「居酒屋」「財布のヒモ」「ランチを500円」など、一般市民の目線に立ったキーワードが並ぶ「半径5メートル以内をネタにした投稿」は、読む人にとってリアリティがあるため、共感や理解が得られやすくなります。

このように**「半径5メートル以内のネタ」を書くことは、書き手**

自身にとって書きやすく、読む人の反応率も高まりやすくなります。「半径５メートル」の正体は、書き手自身の実体験であり、書き手自身の意見や主張です。

くり返しになりますが、ＳＮＳは“あなたメディア”です。したがって、**背伸びをする必要はありません。**メディアの主(ぬし)である“書き手”の顔が見えることが何よりも大切です。

あなたの「半径５メートル以内にあるネタ」は、他人が入ってこられない聖地です。その聖地には他人には書けないネタが盛りだくさん。そこから投稿するネタを見つけ出してくることが、読む人に興味をもってもらうコツです。

ＳＮＳの特性を押さえておこう

ＳＮＳで書く文章は、学校で提出しなければいけない作文や論文とは異なります。先生の御眼鏡に適うものを書かなければいけないわけでも、点数がもらえる書き方をしなければいけないわけでもありません。

正しくまじめに理路整然と書いた文章がうけず、ユニークで突飛（とっぴ）な文章が大きな支持を得ることもあります。以下はＳＮＳで見られる傾向です。

表５－１　ＳＮＳで見られる投稿の傾向

共感されにくい投稿	共感されやすい投稿
正論（常識）	本音
自慢話	自虐ネタ
成功談	失敗談
まじめな話	楽しい話
抽象的な話	具体的な話
古いネタ	旬なネタ
上から目線・下から目線	フラットな目線
飾った（盛った）話	等身大の話
平凡な話	驚きや発見のある話
どこかで聞いたような話	はじめて聞く話
暗い気持ちになる話	明るい気持ちになる話

とくに「正論を書かなくてはいけない」「常識的なことを書かなければいけない」と思い込んでいる人は注意が必要です。

ＳＮＳをチェックしている人の多くは、正論や一般論、常識論を読みたいと思っているわけではありません。

もちろん、**表５－１**の比較は、あくまでも傾向です。なかには「正論をまじめに書くこと」が“その人らしさ”ということもあるでしょう。**何よりも大事しなければいけないのは、“その人らしさ”**です。ＳＮＳ上の傾向を念頭に置いたうえで、“その人らしさ”がにじむ投稿ができればベターです。

文法や語彙力を磨く①「一文一義」を意識する

140文字で伝えるためには、読む人に伝わりやすい文章にする必要があります。誤読や誤解を招くような書き方にならないよう、文章作成の基本となる「文法力」や「語彙力」にも磨きをかけていきましょう。

これから紹介する5つのポイントを意識するだけで、「読みにくい文章」が「読みやすい文章」に、「伝わりにくい文章」が「伝わりやすい文章」に変化します。

文章作成の大原則の1つが、**一文一義**です。これは、**一文（句点【マル】が打たれるまでの文章）のなかに、1つの情報だけを書くこと**です。

一文のなかに盛り込まれる情報が少なければ少ないほど、脳で処理する情報量が少なくなるため、読む人の理解度は上がります。

では、次の2つの文章を読み比べてみましょう。

文章1

週末、久しぶりにディズニーランドに行きましたが、それにしても相変わらず人が多かったので、大好きなイッツ・ア・スモールワールドは泣く泣くあきらめて、妻が好きなビッグサンダー・マウンテンに乗ることができましたが、廃坑となった岩山を、鉱山列車が猛スピードで駆け抜けるスリルはたまらず、しかも「スリルが３倍増」といわれている最前方の右側の座席に座ったものですから、自分でも呆れるほど大絶叫してしまいました。

文章２

週末、久しぶりにディズニーランドに行きました。それにしても相変わらずの人の多さ。大好きな「イッツ・ア・スモールワールド」は泣く泣くあきらめて、妻が好きな「ビッグサンダー・マウンテン」に乗ることにしました。廃坑となった岩山を、鉱山列車が猛スピードで駆け抜けるスリルはたまりませんね！　しかも、「スリルが３倍増」といわれる最前方の右側の座席に座ったものですから、自分でも呆れるほど大絶叫してしまいました。

読み比べてみていかがでしょうか。読みやすかったのは、文章２のほうだと思います。

文章１は、本人は気持ち良く書いたのかもしれませんが、読む人に負担を強いる文章です。句点（マル）が打たれたのは最後のみで、一文が180文字を超えています。しかも、その一文にさまざまな情報が詰め込まれているため、読む人は情報の整理に苦労します。

一文のなかにたくさんの情報を盛り込んだ“一文多義”の文章は、読解力が低い人にとってハードルの高い文章です。読みにくいと思われたら最後。もう次は読んでもらえないかもしれません。

文章２では、新たに句点やエクスクラメーション・マーク（！）

を加えて、全体を５分割しました（内容は大きく変化させていません）。読みやすさは比較するまでもありません。

文章を書くときにあわてる必要はまったくありません。**１つの情報を伝えたら、そこでいったん区切りをつけて、次の文章を書き始めればＯＫ**。１人でフルマラソンを走り切るのではなく、駅伝でタスキをつなぐイメージで書いていきましょう。

なお、文章２では、アトラクション名にあえてカギかっこをつけました。これは、キーワードを読み手の目に入りやすくするためのものです。これもまた、文章を読みやすくする１つの工夫です。

文法や語彙力を磨く②
主語と述語を近づける

日本語は英語と違って、主語と述語が離れやすい言語です。しかし、その特性に甘えてはいけません。とくに文章を書くときに主語と述語が離れすぎると、読む人の理解度が下がります。

次の文章１と２を見てみましょう。

文章１

当スクールでは、顧問をお願いしているコンサルティング会社の指示によって、既存の塾生の満足度を上げられることを目的に、成果達成の数値化や各コミュニティの稼働状況についてのアンケート調査を実施しました。

文章２

当スクールでは、塾生の成果達成の数値化や各コミュニティの稼働状況についてのアンケート調査を実施しました。これは、顧問をお願いしているコンサルティング会社の指示によるもので、既存の塾生の満足度を上げることを目的にしています。

いかがでしょうか。文章１は、主語の「当スクールでは」と述語の「アンケート調査を実施しました」の距離が離れているため、じれったさを感じさせます。「ん？　このスクールでは、えっと……

いったい何をするの？　早く教えてよ！」とイラッとした人もいるでしょう。読むのに耐えられず、途中であきらめてしまう人もいるかもしれません。

一方、文章２はどうでしょう。主語と述語が近いので、文章１とは読みやすさが格段に違います。

日本語は油断すると、主語と述語が離れやすくなる言語です。主語と述語の距離には、いつでも注意を払っておきましょう。

勘のいい人は気づいたかと思いますが、「主語と述語を近づける」という原則と、先ほどお伝えした「一文一義」は密接に連動しています。

なぜなら、一文が長くなればなるほど主語と述語が離れるリスクが高まるからです。つまり、**一文一義を意識することは、主語と述語を近づけるうえでも、重要な役割を担っている**のです。

文法や語彙力を磨く③
修飾語と被修飾語を近づける

主語と述語同様に、修飾語と被修飾語の離れすぎにも注意が必要です。両者が離れてしまうと、修飾語がどの言葉にかかっているかが、わからなくなりがちだからです。

次の文章1を見てください。

文章1

できるだけ早く結果を出したいなら本を読むしかない。

多くの人が「できるだけ」が「早く結果を出したいなら」を修飾していると思ったのではないでしょうか。

しかし、もしも書き手が「できるだけ」を「本を読むしかない」にかけたいと思っていたのだとしたら、この文章は誤解を招いてしまいます。原因は修飾語（＝「できるだけ」）と被修飾語（＝「本を読むしかない」）の離れすぎにあります。

文章2

早く結果を出したいなら、できるだけ本を読むしかない。

修飾語と被修飾語を近づけることで、書き手の真意が伝わりました。なるべく誤解を招かないよう修飾語と被修飾語を近づけるようにしましょう。

さて、たった今、あなたが読んだ文章に違和感を覚えた人は合格です。

文章３

なるべく誤解を招かないよう、修飾語と被修飾語を近づけるようにしましょう。

この書き方では「なるべく」が「誤解を招かないよう」を修飾していると受け取る人がほとんどでしょう。しかし、「誤解」は「なるべく」ではなく、「絶対に」避けたいですよね。筆者が考える「なるべく」の修飾先は「修飾語と被修飾語を近づけるようにしましょう」です。では、どのような文章にする必要があったのでしょうか。正解例は次の文章４になります。

文章４

誤解を招かないよう、なるべく修飾語と被修飾語を近づけるようにしましょう。

もう１つ別の例文をご紹介します。

文章５

これは、ミネラル分が豊富な伊勢志摩の荒海で育ったひじきです。

文章５では、「ミネラル分が豊富な」が「伊勢志摩の荒海」を修飾しているのか、「ひじき」を修飾しているのかがはっきりしません。もしも「ミネラル分が豊富な」を「ひじき」にかけたいなら、両者を近づけて、文章6のようにするといいでしょう。

文章6

伊勢志摩の荒海で育った、ミネラル分が豊富なひじきです。

あるいは、誤読を招かないよう、あらかじめ句点を打って、2文に分けてしまうのもいい方法です。

文章7

ミネラル分が豊富なひじきです。伊勢志摩の荒海で育ちました。

一方、「ミネラル分が豊富な」を「伊勢志摩の荒海」にかけたいなら、次のような表現にしたほうが誤解を招きにくくなります。

文章8

このひじきは、ミネラル分が豊富な伊勢志摩の荒海で育ったものです。

大事なことは、**修飾語がどの言葉にかかっているかを明確にすること**です。その方法には、主に3つあります。

- **修飾語と被修飾語を近づける**
- **適切な場所に句点を打つ**
- **表現や言い回しを工夫する**

方法は１つではありません。３つのどれか、あるいはすべての方法を使うこともあります。修飾語と被修飾語の関係が明確になって、誤解や誤読を招く心配がなくなればＯＫです。

文法や語彙力を磨く④ ムダな言葉・表現は使わない

第1章の「『情熱で』書いて、『冷静で』直そう」(38ページ)では、どちらかというと「不要な内容」をカットするというテーマでお伝えしました。

一方、この項目では、不要な「言葉や言い回し」をカットする重要性についてお伝えします。

とくに日本語は、長くしようと思えばいくらでも長くできる言語です。「賛成です」と書けば済むケースでも、「賛成したいと思います」とも「賛成の方向で考えているところです」とも表現できます。取り立てて意図や狙いもなく、ムダに長い表現にしてしまうのは問題です。くどくて読みにくい文章になりかねません。

せっかく内容が良くても、文章がくどいだけで「もう、この人の文章は読みたくない」と思われてしまうケースもあります。

ビジネス文章でくどい文章を書けば、周囲から「仕事がデキない人」というレッテルを貼られてしまうこともありますので、注意が必要です。

次の2つの文章は、どちらもゴールデンウィークの時間の過ごし方を書いたものです。どちらが読みやすいか、比べてみてください。

文章1

基本的にゴールデンウィークは日本の至るところの道や観光地が人でふくれあがり、大混雑します。そういう状況のため、わざわざそんな時期に私が好き好んで旅行に行くことはありません。今年も、ふだんは仕事で忙しくてなかなか読めていない本を読んだり、近くの公園に行って久しぶりに子どもたちと色々と遊んだり、そういうふうな時間の使い方をしようかなと考えているところです。

いかがでしょうか。意味はわかりますが、読んでいて「くどい」と感じる人がほとんどでしょう。

そこで、「回りくどい表現」や「意味がありそうで実は意味がない言葉」、「なくても問題のない修飾語（副詞や形容詞など）」を中心に削除してみます。できあがったものが、次の文章２です。

文章 2

ゴールデンウィークは日本中の道や観光地が大混雑します。それゆえ、私がその時期に遠出することはありません。今年も自宅で、ふだん読めない本を読んだり、近くの公園で子どもたちと遊んだり、そんな時間の使い方をするつもりです。

文章１を４割ほどカットしたことで、しつこさが消え、スマートで読みやすい文章に変わりました。

もちろん、人によっては削除した表現を残したい、という人もいるでしょう。書き手が、そこに残す意味や狙いがあるなら残してもいいと思います。一方で、**とくに意味や狙いがない言葉や言い回しをわざわざ残す必要はありません。**

なお、私が文章を書くときに気をつけていることの１つが「**情報密度**」です。ムダな言葉や言い回しが多い文章は「情報密度が低い文章」で、ムダな言葉や言い回しが少ない文章は「情報密度が高い文章」です。読む人にとってメリットが多いのは、もちろん後者です。

情報密度の高い文章の代表が、新聞記事や雑誌のコラムです。新聞記事やコラムの場合は、紙幅に限りがあるため、ムダなことを書く余裕はありません。内容を厳選し、言葉を厳選し、なおかつ、言葉を磨き上げる。プロの書き手たちは、常にそういう姿勢で原稿と向き合っています。もちろん、この書き方は、文章を書くすべての人に応用可能なものです。

ちなみに、私のおすすめのコラムは、**雑誌『AERA』（朝日新聞社版）の巻頭エッセイ「eyes」**です。内田樹、姜尚中、浜矩子、東浩紀という４人の論客が交代に筆を執っています（2019年３月現在）。約850文字の紙幅に有益な情報を盛り込み、なおかつ、鋭い持論と興味深い展開で読者を引き込む技術は、文章力を高めたい人には勉強になるでしょう。

もしもあなたが「自分が書く文章の情報密度は低い」と感じているなら、ムダな内容を削るだけでなく、ムダな言葉や言い回しを削ることにも注力しましょう。

ツイッターでの投稿を推奨する理由の１つも、**140文字という制限を設けることで、次第に内容や表現、言葉が磨かれていくから**です。限られた文字数で伝える技術は、あなたの文章作成スキルの屋台骨となることでしょう。

文法や語彙力を磨く⑤
できるだけ具体的に書く

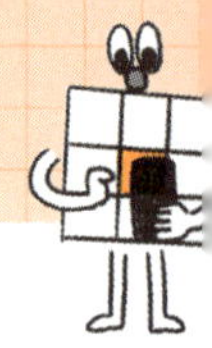

ツイッターに文章を投稿する際は、できるだけ「具体的に書く」ことを心がけましょう。抽象や観念は、「あいまい」と受け取られ、真意を伝わりづらくさせます。

次の文章1を見て、どんなふうに感じるでしょうか。

文章1

新しくできたラーメン屋がおいしくてリーズナブルでした。

書き手は楽しんで書いたかもしれませんが、読む人への情報提供としてはどこか物足りません。どこにあるラーメン屋さん？　ラーメンの種類は？　リーズナブルって？　書き手に色々な質問をぶつけたくなります。この文章1を具体的に書く場合、どんなところに気をつけて加筆すればよいでしょうか。

文章2

神保町（A6番出口徒歩3分）に新しくできたラーメン屋「麺処KIKI」の「塩ラーメン」がおいしかった。この味で1杯780円はリーズナブルです。

あいまいな箇所を具体的な言葉に書き換えました。「神保町（A6番出口徒歩3分）」「麺処KIKI」「塩ラーメン」「1杯780円」などの情報を盛り込むことで、読む人にとって有益な情報に変化しました。なかには「これは、ありがたい情報だ。神保町に行ったときには、私もこのラーメン屋さんに行ってみよう」と思う人もいるはずです。

ではこの文章2を、さらに具体的に磨き上げるとします。どこに加筆すればいいでしょうか。次の文章3は加筆例です。

文章3

神保町（A6番出口徒歩3分）に新しくできたラーメン屋「麺処 KIKI」の「塩ラーメン」がおいしかった。あっさり系の鶏ガラスープに、自家製の平ちぢれ麺がよく絡みます。このちぢれ麺のプルプル感とのど越しがたまりません！　この味で1杯780円はリーズナブルです。

文章3では、「塩ラーメン」の味を具体的に書き加えました。文章1と2では、味について「おいしい」としか書かれていませんでした。ただ「おいしい」と言われても、何がどうおいしいのかがわからないので、興味をもてない人もいたはずです。

一方、具体的においしさを表現した文章3であれば、読む人がリアルに味をイメージすることができます（思わずつばを飲み込んだ人もいるかも？）。具体的な味がわかってはじめて興味をもつ人もいるはずです。

このように**具体的に書くという作業には、「読む人の理解度を高める」「読む人の興味を引く」など、さまざまな効果・効能があり**

ます。

参考までに、抽象的な文章と具体的な文章を並べてみます。見比べながら、自分ならどうするか、ぜひ考えてみてください。

×コンテストで1位になるためには、もう少し票がほしい。
◯コンテストで1位になるためには、最低でもあと100票ほしい。

×駅から会場までは少し歩きます。
◯池袋駅（東口）から会場の「豊島公会堂」までは徒歩約5分です。

×会議が始まる前に資料を参加人数分用意しておいてください。
◯会議が始まる13時までに、プロジェクトAの企画書を参加人数分（24名）用意しておいてください。

×鹿児島から屋久島への高速船は1日に何本か運航しています。事前に予約すれば、運賃はお値ごろです。所要時間もフェリーに比べると短いです。
◯鹿児島から屋久島へ向かう高速船「トッピー・ロケット」は7時30分の始発から16時の最終まで、1日7便（冬は6便）が運航しています。7日以上前に予約すれば、運賃は往復で14,600円。所要時間も100分強。240分かかるフェリーの半分以下です。

「抽象的な文章」になくて「具体的な文章」にあるものは、**「数字」**や**「固有名詞」**です。抽象的な言葉や表現を「数字」や「固有名詞」に置き換えるだけでも、文章の伝達度がアップします。

また、**読む人にとって必要な情報が抜け落ちないよう（言葉足らずにならないよう）、細かい情報を補っている点もポイント**です。自分では「書かなくてもわかっているだろう」と思っていても、読む人は「何もわかっていない」「背景や前提を理解していない」「そもそもの基礎知識が足りていない」というケースは少なくありません。**読む人にプレゼントできる人ほど、読む人の立場に立って必要な情報を具体的に盛り込んでいます。**

自分よりも「少し後ろにいる人」に伝えよう

さて、ここまで、文章を書くことに苦手意識をもつ人の多くが心理的なブレーキを抱えていることをお伝えしました。

加えて、もう１つだけ「書けない原因」についてシェアしたいと思います。それは「自分には表現できることがない」「自分には人に伝えるものがない」という考え方です。

筆者はすべての人に「表現できること」「人に伝えられること」があると考えています。たとえば、次にリストアップしたものは、ＳＮＳで書くに値する事柄です。

- **自分が好きなこと**
- **自分が得意なこと（特技含む）**
- **自分が長く続けてきたこと（習慣含む）**
- **自分が他人よりも詳しいこと**
- **自分がしてきた経験（オンリー・ワンの経験ならなお良し）**
- **自分が情熱をもっていること**
- **自分がよく他人から褒められること**
- **自分が他人と違うと感じていること**
- **休日やスキマ時間についやってしまうこと**
- **以前は苦手だったが、現在は克服したこと**
- **かつて失敗・挫折したが、それらを糧にその後成功したこと**

あなたも、それぞれの項目で何かしら該当するものがあるのではないでしょうか。もしも「ない」という人がいたら、それは、自分で少しハードルを上げてしまっているのかもしれません。もっと気楽にいきましょう。

たとえば、車の運転について語るのは、Ｆ１ドライバーでなければいけないのでしょうか？　そんなことはありませんよね。タクシー運転歴20年以上である必要もありません。

仮に、免許取り立ての人でも「私は縦列駐車がものすごく得意」という人であれば、縦列駐車が苦手な人に伝える資格がある、ということです。

料理について書く権利があるのは、何もシェフだけではありません。お料理教室の先生である必要もありません。家族から「お母さんの作るおみそ汁が一番おいしい」と言われている人は、おみそ汁が上手に作れない人や、上手に作りたいと思っている人、あるいは、料理がヘタだと思っている人に伝えるべき情報をもっているのです。

現に、世の中には、自分より少しだけ詳しい人、少しだけうまくできている人、少しだけ経験がある人の文章を読みたいというニーズも少なくありません。

したがって、あなたがＳＮＳで何かしらの投稿をするときに、あなたは、日本で一番の〇〇である必要などまったくないのです。

「私より詳しい人はたくさんいます」「私よりうまくできる人はたくさんいます」「私よりも経験のある人はたくさんいます」という言い訳も、する必要がありません。

むしろ、投稿者があまりにもスペシャリストすぎると、内容が専門的になりすぎて、読む人がついていけないケースもあります。つまり、あなたがどのレベルであれ、「書く資格がない」などと思う必要はないということ。**あなたは、あなたの少し後ろを歩いている人に伝えていけばいい**のです。

「書くアタマ」を作る文章エクササイズ

身近なモノ・コトを150文字で説明しよう

本書の最後に、空き時間やスキマ時間でも気軽に取り組めるエクササイズを紹介しましょう。題して、「**書くアタマを作る文章エクササイズ**」です。実践を重ねることで、悩まず書けるようになります。

１つ目が、説明力エクササイズです。文章力がうまい人は往々にして説明するスキルに長けています。難しい専門用語について説明するのではなく、**誰もが知っている言葉を、どれだけわかりやすく説明できるか。その能力を磨いていくことが、文章力強化につながります。**

たとえば、次に挙げる事柄・物事について、知っている人は多いと思います。

ニュース／自動車／みかん／エベレスト／お寿司／サッカー／冷蔵庫／お正月／琵琶湖／エアコン／通勤／成人式／四国／インスタグラム／M-1グランプリ／代議士／マンガ／ベンチャー企業／お財布／美容室／税金／病院／ネクタイ／お盆／YouTuber

では、「その１つひとつを150文字前後で説明してください」といわれたらどうでしょう。

「改めてそう言われると難しい……」と思う人も少なくないはずです。「自動車は自動車だし、みかんはみかんだし、四国は四国だよ」。そんなふうに言いたくなる人もいるかもしれません。しかし、「自動車は走る乗り物です」「みかんは果物です」「四国は日本の大きな島です」では説明になりません。

説明するときに問われるのが「知識」と「言葉」です。そのことについての知識がどれだけあるか、そして、その知識を説明するに適した言葉をもっているかどうか。大きな言葉でいうなら「**語彙力**」です。**語彙力の高低に応じて、説明の質が変化します。**

仮に「四国を『四国』という言葉を使わずに150文字程度で説明しなさい」というお題があった場合、あなたはどう説明するでしょうか？

情報がなければ文章にできないことは、第2章でお伝えしたとおりです。まずは、説明するために必要な材料を集めるべく、9マスを使って文章の素材を書き出していきましょう。

自分のなかに知識がなければ、インターネットで検索するなり、辞書や書籍、雑誌などをあたるなり、詳しい人に話を聞くなりして、必要な情報を手元に集めます。調べて情報を集めることも、文章エクササイズの一環です。

次ページの**表6－1**くらい書き出すことができれば、150文字の文章を書くことができるでしょう。

表6－1　9マス情報キャッチ法　テーマ：四国

① 本州、九州、北海道に次ぐ日本の大きな島（本州南西にある）	② 北側は瀬戸内海	③ 南側は太平洋
④ 【四国4県】愛媛、香川、徳島、高知	【テーマ】四国	⑤ 四国の名前の由来はかつての4国 阿波国、讃岐国、伊予国、土佐国
⑥ 四国本島のほか、400以上の島々からなる	⑦ 四国地方の総人口は約375万人	⑧ 空海が拓いた四国巡礼・八十八箇所はお遍路さんで有名

次の文章1は150文字で説明した文章の一例です。

文章1

本州、北海道、九州に次いで日本で4番目に大きい島。本州南西にあり、北側は瀬戸内海、南側は太平洋に面しています。名前は、かつての阿波国、讃岐国、伊予国、土佐国の4国に由来（現在は徳島、香川、愛媛、高知の4県）。四国本島のほか400以上の島々からなり、総人口は約375万人。かつて空海が拓いた四国巡礼「八十八箇所」はお遍路さんで有名です。

的確にポイントを押さえた説明ではないでしょうか。このエクササイズでは、説明をおもしろくしたり、オリジナリティを盛り込んだりする必要はありません。誰もが理解できるよう、お題となるテーマを、易しく、そして、的確に伝えること注力してください。

どんなテーマでもかまいません。**1日1回、何かテーマ（キーワード）を決めて、150文字の文章を書くエクササイズをしてみましょう**。たとえば「高速道路を『高速道路』という言葉を使わずに150文字で書いてみる」「スマホを『スマホ』という言葉を使わずに150文字で書いてみる」という具合です。

家族や友人と一緒に取り組んで、それぞれ発表し合うのもおすすめです。「こんな表現の仕方もあるのか」「そういうふうに書くと上手な説明になるのか」。そんな気づきを得るだけでも「書くアタマ」が作られていきます。

もちろん、本書はあなたに「雑学博士になりなさい」と言っているわけではありません。**優先すべきは、あなたが仕事やプライベートで頻繁に書いているテーマ（ジャンル）**です。

アパレル業界の人であれば、アパレル関連の言葉を説明する。ＩＴ業界の人であれば、ＩＴ関連の言葉を説明する。着物についてブログを書いている人なら着物関連の言葉を説明する。そんなふうに、自分がよく書くテーマの言葉でエクササイズしていけば、文章力アップの効果を、よりダイレクトに感じられるはずです。

「９マス類語変換ゲーム」で語彙力を磨こう

語彙力と文章力には密接な関係があります。文章力を磨きたいなら、語彙力に磨きをかける必要があります。語彙力に磨きをかける方法の１つが「**類語への変換**」です。

言葉の引き出しをたくさんをもっている人ともっていない人とでは、作成する文章のクオリティに差が生じます。

たとえば「親切な人」という言葉の類語には、どのようなものがあるでしょうか？　９マスを使って書き出してみてください。

表６－２　９マス類語変換ゲーム　テーマ：親切な人

気が利く人	気遣いができる人	思いやりのある人
心配りができる人	親切な人	優しい人
気立てのいい人	あたたかい人	世話好きな人

ほかにもまだまだありそうです。「親切な人」と書くことが適切なこともあれば、対象となる人によっては、「あたたかい人」や「気が利く人」「思いやりのある人」が最適なケースもあるでしょう。類語をパッと思い浮かべ、最適な言葉を選び取ることができる人は文章力のある人です。そして、使える言葉の数を増やすエクササイズとして、この「類語変換ゲーム」が有効です。

表6－3は「うれしい」の類語出しの一例です。

表6－3　9マス類語変換ゲーム　テーマ：うれしい

幸せ	ハッピー	楽しい
愉快	うれしい	心がはずむ
ご機嫌	気分アップ	天にも昇る心地

このようにして、何か1つ言葉を決めたら、その言葉の類語を書き出してみましょう。多いものだと10個以上出せるものもあると思います。少ないものでも、頑張って3つ、4つ出してみましょう。出し終えたら、インターネット上にある「類語辞典」などを活用し

て、他にどんな表現があるかチェックしてみるといいでしょう。
「類語辞典」で言葉をチェックすること自体も、表現の種類を増やす一手法です。

以下は「類語変換ゲーム」のテーマになりそうなものです。いくつか類語をピックアップしましたが、まだほかにもありそうですね。ぜひチャレンジしてみてください。

・笑う：ほほえむ、ニッコリする、表情を緩める
・誠実：まじめ、堅実、良心的
・賢い：利口、クレバー、優秀
・希望：願望、憧れ、抱負
・弱気：消極的、逃げ腰、へっぴり腰
・プライド：誇り、優越感、自負心
・グレる：いじける、ダークサイドに堕ちる、反発する
・掃除する：片づける、整理する、きれいにする
・理解する：わかる、腑に落ちる、合点がいく
・挑戦する：試す、チャレンジする、トライする

その場にいる人全員で順番に１つずつ類語をいっていく、あるいは、３分間で何個書き出せるかを競い合うなど、仲間や家族と一緒にゲーム感覚で楽しんでもいいでしょう。

「『たとえば』で具体化ゲーム」で文章に具体例を盛り込もう

文章を書くうえでは、「具体」と「抽象」を行き来する意識も非常に有効です。

抽象的なことばかり書かれてあっても、読む人は具体的にイメージできません。だからといって、具体的なことばかりでいいかといえば、そんなことはありません。具体的なことばかりでは、読む人が、その話の“核”や“本質”をつかみそこねるかもしれません。**「抽象的な表現」と「具体的な表現」をバランス良く盛り込むことができたとき、読む人にとって、読みやすく、理解しやすい文章ができ上がります。**

そこでオススメしたいのが「**『たとえば』で具体化ゲーム**」と「**『つまり』で抽象化ゲーム**」の２つです。

「『たとえば』で具体化ゲーム」では、何か１つ抽象的なテーマ（言葉）を決めたうえで、そのお題について、接続詞の「たとえば」を用いて具体化していきます。

仮に「野菜」というテーマであれば、「たとえば、大根、にんじん、キャベツ、玉ねぎ、トマト」という具合です。

次は、テーマとその具体化の一例です。

・テーマ：アジアの国
→中国、韓国、ベトナム、タイ、フィリピンなど

・テーマ：ＳＮＳ

→ツイッター、インスタグラム、Facebook、LINE、YouTube など

・テーマ：世界文化遺産

→自由の女神像、万里の長城、ケルン大聖堂、モンサンミッシェル、タージ・マハルなど

具体例は５～10個を目安に、出せるだけ出しましょう。１人よりも複数人で行うと盛り上がります。他の人の回答が、良い気づきや学びになることもあります。

文章１

×いつか世界１周旅行に出て、各地の世界文化遺産を見て回りたいです。

◯いつか世界１周旅行に出て、自由の女神像や万里の長城、ケルン大聖堂など、各地の世界文化遺産を見て回りたいです。

読み比べるとわかるとおり、具体例のある文章のほうが、読む人にとって親切です。なかには自由の女神像や万里の長城の姿が頭のなかに思い浮かんだ人もいるでしょう。

このように、**「『たとえば』で具体化ゲーム」に取り組むと、次第に、文章に具体例を盛り込むクセがついていきます。**

「『つまり』で抽象化ゲーム」でグルーピング力を身につけよう

「『つまり』で抽象化ゲーム」は、先ほど紹介した「『たとえば』で具体化ゲーム」の逆の作業です。２人１組になって、片方の人が「イカ、サバ、マグロ、穴子、赤貝……」と具体的な言葉をいい、もう片方の人が「つまり、お寿司のネタ！」と答えます（「お寿司」はイカやマグロよりも抽象度の高い言葉です）。

３人以上でやるときには、１人が具体的な言葉をいい、その他の人が抽象的にまとめる言葉を考えます。「せーの」で答えをいう方法でもいいですし、早押し式で行ってもかまいません。

もちろん、具体的な言葉をいう人は、「抽象」と「具体」の両方が見えていなければいけません（そうでなければ、問題が出せません）。そういう意味では、回答者のみならず、出題者にとっても、効果の高いエクササイズといえるでしょう。

次は具体例とその抽象化の一例です。

・具体例：ボールペン、ノート、定規、ハサミ、のり……
→つまり、文房具！

・具体例：Sexy Zone、King & Prince、Kis-My-Ft2、関ジャニ∞、嵐……

→つまり、ジャニーズのグループ！

・具体例：サーフィン、スキューバダイビング、バナナボート、ジェットスキー、パラセーリング……
→つまり、マリンスポーツ！

・具体例：箱根、那須、別府、道後、草津、下呂……
→つまり、温泉地！

・具体例：王貞治、黒澤明、高橋尚子、羽生善治、羽生結弦……
→つまり、国民栄誉賞受賞者！

「『つまり』で抽象化ゲーム」をくり返し行っていくと、**物事をグルーピングする力がついていきます。**

たとえば、いくつかの異なる物事が並んでいるときも、その物事の共通点（ときに「本質」）を見抜くクセがついていきます。そのクセは文章を書くときに大いに役立ちます。

次の２つの文章を見比べてみましょう。

文章１

2018年公開の映画『ボヘミアン・ラプソディ』では、主人公のフレディ・マーキュリーがゲイであることが描かれています。また、同じく2018年の映画『バトル・オブ・ザ・セクシーズ』では、主人公のビリー・ジーン・キングがレズであることが描かれていました。私は感動を覚えました。

文章2

2018年の映画『ボヘミアン・ラプソディ』では、主人公のフレディ・マーキュリーがゲイであることが描かれています。また、同じく2018年の映画『バトル・オブ・ザ・セクシーズ』では、主人公のビリー・ジーン・キングがレズであることが描かれていました。同時期にこのような作品が公開されたことは、決して偶然ではありません。LGBTの差別撤廃や法的権利獲得を求める社会運動が活発化する世界の潮流と軌を一にしているといえるでしょう。エンターテインメント性を担保しながらも、さり気なく社会時評の役割も担おうとする映画の侠気に、私は感動を覚えました。

事実だけを書いた文章１の「抽象化なしの文章」の場合、人によっては、「へえ。そうなんだ」で受け流す人もいるでしょう。具体的に書かれているものの、その具体例から本質を抜き出す文章がないため、読み終えたときに、どこかスッキリしません。行間を読むのが苦手な人であれば「それがどうしたの？」「一体どこに感動するポイントがあるの？」と首を傾げる人もいるかもしれません。

一方、文章２の「抽象化ありの文章」の場合、「同時期に〜」以降の文章で、２つの映画が同時期に公開されたことの意味（本質）が示されています。この抽象的なまとめのおかげで、読む人は、読み終えたときに「なるほど」「そういうことか！」と納得することができます。

「『つまり』で抽象化ゲーム」は、単なる“言葉遊び”ではありません。「虫の目（＝具体）」から「鳥の目（＝抽象）」へと視点を引き上げる役割を担っています。このゲームに取り組むことで、**いくつかの具体的な事柄から、共通点、ひいては核心や本質を見つけるスキルが磨き上げられていきます。**

「鳥の目（＝抽象)」から「虫の目（＝具体)」へと視点を下げる「『たとえば』で具体化ゲーム」と、あわせて楽しんでみてください。

「道順説明ゲーム」で論理的に説明する力を高めよう

文章を書く際に必要となるのが**「論理的に書く力」**です。これは「筋道を立てて書く」ということ。文章を書くときは、会話のように表情や口調、ジェスチャーなどが使えません。“待ったなし”の一発勝負なのです。そこで有効なのが「道順説明ゲーム」です。やり方は地図を見ながら、スタートからゴールまでの道順を文章で説明するだけ。その説明文を読んだ人が、地図を見ずにゴールまでたどり着けるなら、正確かつ論理的な文章ということになります。実際にやってみましょう。次の地図をご覧ください。

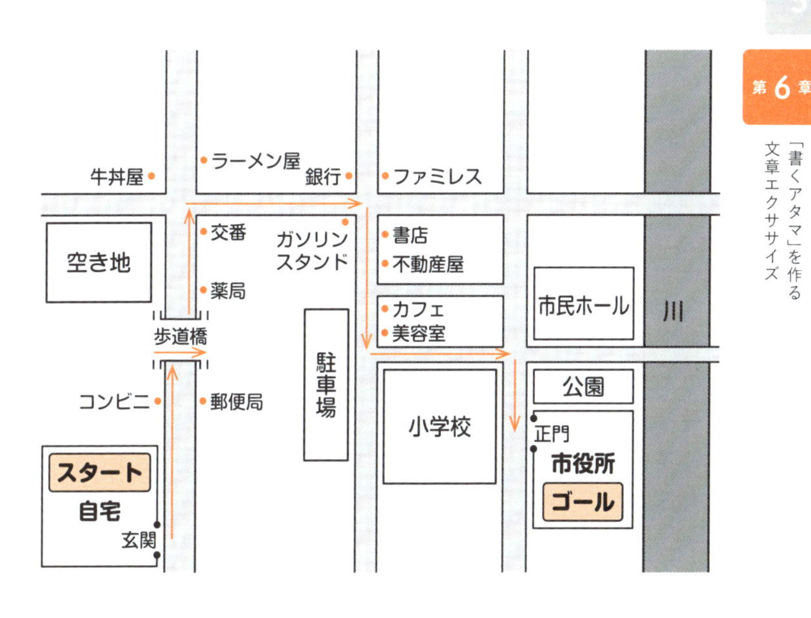

地図にあるスタート（自宅）からゴール（市役所）までの道順を、わかりやすく文章で説明しましょう。

回答欄

道順をわかりやすく説明するコツは、**先を急ぎすぎないこと**です。A地点からB地点まで誘導し終えたら、次はB地点からC地点という具合に、**少しずつ、確実に誘導していきます。**
「曲がるところにはどんな目印がある？」などと、そのつど自問自答することで、大事な情報の抜け落ちを防ぐことができます。

また、小学校の手前にも奥にも道があるときに、「小学校の道を曲がります」だと、読んだ人は「手前の道と奥の道のどちらだろうか？」と困惑してしまうでしょう。「小学校の手前を左に曲がります」と伝える必要があります。

さらにいえば、仮に、どちらに曲がるかが明確だったとしても、左右を明記することも大切です。「小学校の手前（または、奥）を左に曲がります」という具合です。以下が解答例です。

回答例

自宅を出て左に進みます。コンビニの先にある歩道橋を渡って、向かいの薬局側に下ります。そのまま薬局を右手に見ながらまっすぐ歩き、右手に交番のある交差点を右折。その先、１つ目の交差点（右手にガソリンスタンドがある交差点）を右折します。そのまままっすぐ歩き、左手にある美容室を越えたところ（小学校の手前）で左折。続いて、その先１つ目の交差点を右折します。すると、左手、公園の先に市役所の正門が見えてきます。

相手が知らないことだけを書くことが文章ではありません。とくに**説明文の場合は、知っていることを書くことで、読む人に「そうだよね、これで正しいよね」と確認させてあげることも役割の１つ**です。読む人に正しく理解してもらいたのであれば、**１つひとつ丁寧に伝えていくことが何よりも重要**です。書き手は当然、すべてを理解しているはずですが、読む人は何の予備知識もないかもしれません。重要な情報を端折られたりすると、うっかり間違ってしまう（勘違いしてしまう）こともあります。人はミスをする生き物です。だからこそ、念には念を入れる必要があるのです。

書く前に、声に出して道順を説明してみるのも賢い方法です。説明したことが「下書き代わり」となり、文章が書きやすくなります。

もちろん、この方法はあらゆる文章作成時に有効です。いったん口から言葉でアウトプットすることによって、**書き手である自分の理解度を（情報不足な点も含め）確認できるほか、全体の流れ（構成）も作りやすくなります。**

文章を書くことを苦手にしている人のなかには、自分が書こうとしている事柄・テーマについて、ふだんあまり口に出していないケースが少なくありません。逆にいえば、ふだんよく話をしていることは、文章でも比較的簡単に表現できるはずです。**アウトプット不足を自覚している人は、ぜひ「書く」前に「話す」というプロセスを取り入れてみてください。**書くスピードと文章の精度が高まります。

なお、「道順説明ゲーム」のほかにも、いくつか説明力を鍛えるエクササイズがあります。以下は説明対象の一例です。それぞれチャレンジしてみましょう。

①部屋の間取りを文章で説明する
②料理の手順を文章で説明する
③スマホで撮った写真を１枚選び、その写真の内容を説明する

いずれも、まず声に出して説明してから文章を作成してみましょう。①の文章を読んだ人が、間取りを正確にイメージできる。②の文章を読んだ人が、しっかりその料理を作ることができる。③の文章を読んだ人が、その写真に写っているものを正確にイメージできる。そのような結果が得られれば及第点です。

うまい人の文章を「模写」して書き手の魅力をあぶり出そう

あなたは、どんな文体の文章を書きたいですか？　ここでいう**文体とは、書き手の個性が香り立つ文章のスタイルのこと**です。

たとえば、ビジネスシーンの報告書のようなビジネス文章であれば、あまり文体が強すぎると煙たがられます。仕事で使う文章の場合、誰が書いても同じになるような平易でわかりやすいものが求められることがほとんどです。

一方、プライベートで書く文章であれば、あなたらしい文体を作り上げていくことも、文章作成の醍醐味ではないでしょうか。

次の４つの文章は、いずれもハロウィーンの日の渋谷に集まる人たちに対する否定的な意見です。文体がどう違うか、読み比べてみましょう。

文章１

ハロウィーンの日の渋谷には、できれば行きたくありません。お酒を飲んだり、仮装したりして舞い上がっている人が多いので、正直、ちょっぴり怖いです。家で家族とのんびり過ごします。【フラットで平易な文体】

文章２

ハロウィーンの日の渋谷には決して足を踏み入れるまい。仮装する人の群れのなかで、邪悪が、まるで毒入りシチューのように渦巻いている。私の心に住む小さな自警団が"近寄るべからず"と警鐘を鳴らしている。【ハードタッチで詩的な文体】

文章3

ハロウィーンの日の渋谷には近寄らないもんね〜。だって、コスプレする人の群れにもまれて、ダークサイドに堕ちていく人がわんさかいるんだよ（笑）。ミイラ取りですらミイラになること間違いなし。【ライトで自由な文体】

文章4

ハロウィーンの日の渋谷？　あれは日本の恥だ。道を闊歩（かっぽ）するコスプレ軍団のインモラルぶりには、ただただ辟易（へきえき）・軽蔑するよ。やつらと同じバカと思われたくない。同じ空気を吸いたくない。【乱暴で上から目線の文体】

書き方次第で、読み手が受ける作者の人柄や、書かれている内容のイメージが大きく違ってきます。このイメージの差こそが文体の正体です。

技術的なことをいえば、「常体（だ・である調）」と「敬体（です・ます調）」を使い分けるだけでも雰囲気は変わります。また、リズムや間（ま）のとり方、句読点の打ち方、言葉の選び方、ひらがな・カタカナの割合や使い分けなど、さまざまな要因が絡み合いながら文体は作られていきます。もちろん、文体の土台をなすのは、書き手の価値観や思想、哲学であることはいうまでもありません。

あなたが、もし文体を身につけたいなら、好きな作家を筆頭に、あなたが「この文章を書きたい」という人の文章を模写すること、つまり、書き写すことをオススメします。**その人の文章をトレースすることによって、言葉の選び方やリズム、構成など、つまりは文体が身につきます。**

私がかつてライターをしていた頃は、たくさんの文体を使い分ける必要がありました。そのため、古今東西、さまざまな文体を模写しました。

濃厚で荘重な文体は三島由紀夫（みしまゆきお）の文学、軽快で自由な表現は椎名誠（しいなまこと）の旅行記、リアリティのあるシリアスな文体は沢木耕太郎（さわきこうたろう）のノンフィクション、やわらかく透明感のある文体は江國香織（えくにかおり）のエッセイ、皮肉とユーモアを織り交ぜた文体は小田嶋隆（おだじまたかし）のコラム、平易で納得度の高い文体は本田健（ほんだけん）の自己啓発書、エモーショナルで独白的な文体は花村萬月（はなむらまんげつ）の小説――という具合です。

今であれば作家だけでなく、インターネット上で人気のブロガーや評論家、インフルエンサーの文体を取り入れるのもいいでしょう。

模写するということは、その人の頭の回路を脳内で疑似体験することにほかなりません。もっといえば、文体のみならず、**その人の思考や思想、哲学、価値観、人生観なども、一度自分のなかに取り込むことになります。**それも模写のおもしろさといえるでしょう。

模写して得た文体からは“自分らしさ”が消えてしまうのでは？　と思った人は、ご安心ください。模写することで消えてしまうものなど、もともと、たいした“自分らしさ”ではありません。

どれだけ模写しても残ってしまうもの、それが“自分らしさ”です。あなたという人間が文章を書く限り、それが消えてしまうことはありません。逆に、**模写し続けることで、書き手の本当の魅力があぶり出されていく**、という言い方もできるかもしれません。

文章を書く時間は「2割短縮で」設定しよう

あなたには、「ラクに終わりそうだ」と思っていた仕事が、結局、締め切り間際までかかって苦労した経験はありませんか。しかも、十分に時間をかけたからといって必ずしも仕事のクオリティが高まるわけではない……図星ではありませんか？

「仕事量は与えられた時間を使い切るまで膨張する」――この現象を「**パーキンソンの法則**」といいます。この「パーキンソンの法則」が、ときに「先延ばしの法則」「怠け癖の法則」などと揶揄（やゆ）されるゆえんです。

この「パーキンソンの法則」は、文章作成にも当てはまります。

たとえば、社員全員に課したレポートの提出期限が翌日17時だとした場合、多くの人が、17時ギリギリでレポートを仕上げます。

では、提出期限が15時だったらどうだったでしょうか。おそらく全員が15時に提出しているはずです。

しかも、17時に提出したケースと比べて、レポートの完成度が低いかといえば、そんなことはありません。むしろ、短時間で集中した結果、完成度が高まることのほうが多いくらいです。

そう、**時間に制限を加えることで、人間の脳は成果を出すべく高速で回転します**。その結果、**集中力が増し、文章のクオリティも高まる**のです。

これは私の経験とも一致します。時間に余裕があるときほどダレてしまったり、集中力が下がったりすることが少なくありません。

一方で、締め切りが厳しく定められているときは、よもや自分とは思えないほど高い生産性を発揮することがあります。このように、**「火事場のバカ力」を出すうえでも、制限時間を短く切ることは極めて有効**なのです。

そこで提案したいのが、「執筆時間２割短縮設定」です。

- **ブログ執筆【通常：60分】→【50分で書くと決める】**
- **報告書作成【通常：20分】→【15分で書くと決める】**
- **論文の執筆【通常：90日】→【70日で書くと決める】**

このように、**いつも自分がかかっている時間よりも２割程度制限時間を厳しくすることによって、文章作成にかけるスピードが速まり、文章の完成度も高まります。**

最初は時間をオーバーすることもあるかもしれませんが（従来の“慣れ”に引きずられて）、続けていくうちに、少しずつ集中力も高まっていくはずです。

文章力を伸ばすには「ＰＤＣＡ」を意識しよう

「ＰＤＣＡ」という言葉を耳にしたことのある人もいるでしょう。「ＰＤＣＡ」は業務プロセスの管理手法として、仕事でよく使われるツールです。

①計画（Plan）→②実行（Do）→③検証（Check）→④改善（Act）

この「ＰＤＣＡ」をグルグルと回し続けることによって業務の精度を高めていきます。仕事でよく使われるＰＤＣＡを文章で使っている人は、思いのほか少数です。本書でお伝えしてきた内容は、「文章作成ＰＤＣＡの回し方」そのもの。ぜひ活用しましょう。

文章作成において「ＰＤＣＡ」は２つの使い方ができます。

ＰＤＣＡの使い方１

①計画（Plan）：情報収集／テーマ設定／ターゲット設定など
②実行（Do）：文章を書く
③検証（Check）：文章を読み返す・推敲する
④改善（Act）：文章を直す

①は文章を書く前の準備。②が「情熱で」書くパートで、③と④が「冷静で」直すパートです。

「ＰＤＣＡ」の２つ目の使い方は、もう少し視点を高くして活用します。

ＰＤＣＡの使い方２

①計画／Plan：文章を書く目的の明確化

②実行／Do：文章を書く（「『情熱で』書いて、『冷静で』直す」を含む

③検証／Check：その文章の目的が達成されたかを検証する

④改善／Act：次回目的が達成できるよう修正する

「ＰＤＣＡの使い方２」は、その文章の目的を達成するためのものになります。先ほど紹介した「ＰＤＣＡの使い方１」の①〜④は、この「ＰＤＣＡの使い方２」の②に含まれているといってもいいでしょう。つまり、「ＰＤＣＡの使い方１」にあるような情報収集や

表６－４　文章を書く目的と結果例

伝える手段	文章を書く目的	結果（目的達成ならず）
企画書	企画書を採用してもらう	企画は不採用
集客文章	イベントに100名集める	50名しか集まらなかった
論文	クラスで1番の高評を得る	教授からの評価は低く ダメ出しをたくさん受けた
お詫びのメール	相手に快く許してもらう	相手に許してもらえなかった
SNS	Twitterでリツイートしてもらう	ほとんどリツイートされなかった
セールス文章	1日に商品を30個を売る	1日に商品が2、3個しか売れない
警告文	ゴミ出しの曜日を守ってもらう	いまだにゴミ出しの曜日を 守らない人が多数いる

文章を書くといった行為は文章の目的を達成するための一部分。それを**検証・改善まで行ってはじめて、文章を書く目的が達成できる**ということです。

しかし、文章を書き終えて公開（提出）したのち、その結果を検証する人は稀（まれ）です。

目的が無事達成されたならまだしも、目的が達成されていないにもかかわらず、多くの人が「ああ、ダメだったか」くらいの反応しか示しません。

結果が出なかったということは、どこかに問題があったということです。**文章力に磨きをかけたいのであれば、そのつど問題点を突き止めることが大切です。**

考えうる問題点（一例）

・読者ターゲットの設定がずれていた
・読者ターゲットのニーズを把握できていなかった
・読者ターゲットに貢献できていなかった
・「言葉不足」で理解してもらえなかった
・「データ不足」で納得してもらえなかった
・理屈っぽくて共感しづらかった
・話が抽象的で理解してもらえなかった
・文章の流れ・リズムが悪かった
・テーマやタイトルに興味をもってもらえなかった
・伝える方法（媒体など）が良くなかった

もちろん、原因を100%特定することは不可能です。複合的な要因もあるかもしれません。しかし、だからといって、**原因の特定を**

避けていては、いつまで経っても「うまい文章＝目的を達成できる文章」は書けません。

一番良い方法は、**読者ターゲットからのフィードバックを得ること**です。集客文章であれば、「なぜ参加しようと思わなかったのか？」の答えがわかれば、次に活かすことができます。

読者ターゲットからフィードバックを得るのが難しいようであれば、ターゲット以外の人でもかまいません。自分では気づかない点に気づいてくれるのが他者です。**自分以外の人の意見に耳を貸すことも、文章力を磨くうえでは大切**です。

他者から指摘を受けるのはおもしろくないかもしれませんが、一方で、とてもありがたいことでもあります。**「至らない点」がわかれば修正することができますが、わからなければ、延々と同じミスをくり返すかもしれません。**そう考えると、恐ろしくないでしょうか？　もちろん、**他者の意見や指摘を踏まえながら、最終的には書き手自身が仮説を立てて、次回への改善点とします。**「納得できる根拠を盛り込む」「伝える順番を変える」「渡すプレゼントを変える」「選ぶ言葉を変える」「タイトルを変える」など、できることはたくさんあります。

このようにしてＰＤＣＡをグルグル回せる人の文章は飛躍的に伸びていきます。「うまくいかなかった点」を改善し、次に活かす。文章作成に限りませんが、人が成長するうえで、欠かせないプロセスではないでしょうか。この本を手にしたあなたには、成果につながる文章力を身につけたいという思いがあるはずです。「うまい文章」を書きたいのであれば、結果にフォーカスしながら賢く「ＰＤＣＡ」を回していきましょう。

1日3つのGOODニュースを書こう

ここまで文章の書き方のコツについてお伝えしてきました。書き始めるとわかりますが、**文章は、読み手だけでなく、自分自身の心に大きな影響を与えます**。

たとえば、あなたが自分のノートに「自分はダメな人間だ」「自分には何もできない」「私はバカだ」「人生はつまらない」という具合に、ネガティブなこと（不平、不満、愚痴など）ばかり書き込んでいたら、実際にネガティブな現実を引き寄せてしまいます。

その理屈は第２章の「９マス情報キャッチ法」でお伝えしたとおりです。**書き出すことで「アンテナが立つ」ため、ネガティブな意識や現実がやって来てしまう**のです。

それは、他人の悪口や誹謗中傷であっても同じです。「あいつが許せない」「あいつはバカだ」「あいつのことが大嫌いだ」。そんなふうに誰かのことを悪く書けば書くほど、ネガティブなアンテナが立つため、ネガティブな現実がますます増えていきます。

実にシンプルなことですが、現実というのは、その人が思ったとおりに“見えてしまう”、ただそれだけのことなのです。

ちなみに、文字で書き出したことは、無意識の領域といわれる「潜在意識」にも刷り込まれていきます。一説には意識できる「顕在意識」と、意識できない「潜在意識」の容量の割合は「3：97」ともいわれています。仮に、顕在意識で「私はデキる！」と思ったとしても、潜在意識が「私にはムリ」と思っていたら、潜在意識が勝ってしまうのです（しかも圧勝）。人はいつでも潜在意識のコントロール下にあるのです。

しかも脳は、「人称」を把握できないともいわれています。仮に、「○○部長はバカだ」と書いた場合、脳は自分自身が「バカだ」と書かれたと判断します。

つまり、本人は人の悪口を書いて一瞬スッキリするかもしれませんが、「バカだ」という情報は潜在意識に刷り込まれていくため、結果的に、自分自身を痛めつけることになるのです。良くも悪くも、言葉のパワーはあなどれません。

そこでオススメしたいのが、「**1日3つのGOODニュースを書く**」という方法です。GOODニュースですから、あなたにとって「良かったこと」「うれしかったこと」「楽しかったこと」「感激・感動したこと」「感謝したこと」などを書き出していきます。

こういうと、「毎日3つもいいことなんてありません」という人がいますが、そういう人はGOODニュースのハードルを上げすぎているだけかもしれません。GOODニュースはどんなに小さいことでもかまいません。良いニュースがないという人は、ハードルを思い切り下げてみましょう。

GOODニュースの一例

・いつもより少し早起きできた
・遅刻するかと思ったけど、ギリギリ間に合った
・ランチで注文した定食のごはんが大盛りだった
・上司にホメられた

・春の陽気が気持ち良かった
・いただきもののシュークリームがおいしかった
・楽しみにしていたマンガの新刊が発売された
・YouTube を見て大笑いした
・先週まで風邪気味だったが、少しずつ体調が良くなってきた
・親友と３年ぶりに会ってお茶をした
・話題の映画を見に行くことができた（感動的な物語だった）
・傘を忘れて家を出たが、結局、雨は降らなかった

毎日３つずつＧＯＯＤニュースを書くことによって、脳内にポジティブなアンテナがどんどん立っていきます。

そもそも「ＧＯＯＤニュースを書く」という意識そのものが１つの大きなアンテナです。その意識をもち続けることで、次第にＧＯＯＤニュースがひっきりなしに飛び込んでくるようになります。なかには「自分の身の回りにこれほどたくさんのＧＯＯＤニュースがあるとは思ってもみなかった」と驚く人もいるでしょう。

自己啓発のノウハウのなかで最も有名かつ効果の高いものが「思考は現実化する」です。だとしたら、頭のなかで「ＧＯＯＤニュース」を思い浮かべるだけでも、少なからぬ効果が望めるといえるでしょう。

とはいえ、書き出すことの威力は、思い浮かべるだけの数倍、あるいは、数十倍ではないでしょうか。**「書き出す＝可視化する」ことによって、強力なアンテナが立ち、それと同時に、ポジティブな意識が潜在意識へも深く広く、浸潤していく**はずです。

このように、**書くことは、他人に情報を伝えるだけでなく、自分**

自身を成長させるうえでも、極めて有効な手法です。

もちろん、「１日３つのＧＯＯＤニュースを書く」方法を取り入れるか否かはあなた自身です。あなたが、「今の生活に満足していない」、あるいは「自分自身を変化・成長させたい」と思っているなら、ぜひ試してみてください。

5年後の未来プロフィールを書こう

「1日3つのGOODニュースを書く」と一緒に行うことで、さらに人生が激変するワークがあります。それが「**5年後の未来プロフィールを書く**」です。

通常、プロフィールというと、過去の経歴や現在の活動などを書くものですが、この「未来プロフィール」では、5年後の未来について書きます。未来といっても「予測」や「予想」を書くのではありません。このワークのミソは、**あたかも未来にいるつもりで書く点**にあります。

注意点が1つあります。それは、**現在のあなたから想像し得る5年後を書いてはいけない**という点です。

たとえば、「いま主任だから5年後は順調にいけば係長になれそうだ」では、わざわざ「未来プロフィール」を書く意味がありません。想定の範囲内で書くというのは、敷かれたレールの上を歩くようなものです。それでは人生に激変は起きません。

未来プロフィールで書くべきは、5年後の理想のあなたです。

あなたは今、5年後の世界にいます。このとき、**自分が「こうなっていたら最高だ」という理想の姿を思い浮かべてください。**金銭、場所、人、資質……あらゆる制約は取り払います。頭で考えすぎてはいけません。照れや遠慮も無用です。

理想の自分を思い浮かべたら、そのままプロフィールを書き始めます。
「◯◯でギネスブックに認定」「司法試験に合格」「港区のタワーマンション最上階に住んでいる」「軽井沢とハワイとロスに別荘がある」「衆議院議員に初当選」「ケンブリッジ大学に留学」「大恋愛の末、◯◯さんと結婚」「民間宇宙船で宇宙へ行くことが決まった」「TOEIC スコア 990 点を取得」「独立して会社を設立。３年で年商５億円の企業に成長」など、どんな内容でもかまいません。
「そんな絵空事、書けない」と思った人は、その**思い込みを作っているのが、あなた自身の潜在意識**であることに気づきましょう。そして、「思い込み」を含むあらゆる制約を取り除いたうえで、理想の未来を想像してください。

イメージがつかめない人のために、私の５年後の未来プロフィールをご紹介しましょう。

文章１

2019 年に出版した『「９マス」で悩まず書ける文章術』（総合法令出版）がミリオンセラーとなって以来、年間５冊ペースで本を出版、これまでに合計 50 冊以上出版し、販売累計は累計 500 万部以上、世界 30 カ国で翻訳されている。自身のコンテンツ「SuperWriter 養成講座（３ＤＡＹＳ）」は、中国を中心に、毎年、世界各地で約 30 回開催。

現在は、軽井沢にある山小屋風の自宅と、マウイ島とバリ島にある別邸を行き来しながら、執筆・講演活動を続ける日々。

2024 年に上梓した『アラカルトハンター』では児童小説の

枠を超えて初の直木賞に輝いた。また、「伝えよう。つながろう。」をコンセプトに設立した「国際ライティング大学」は、アジアを中心に世界25カ国で分校展開。2024年中に国際連合推奨のモデル大学に認定される。

さらに、所属するメディカツバンドが2020年に正式リリースした『斉唱パビリオン』は、全世界で累計1000万ダウンロードを記録。その年の紅白歌合戦にも初出場を果たした。

妻は「女性の生き方支援家」でウーマン・オブ・ザ・イヤー2021を受賞した山口朋子。娘は2022年に発表した論文『美は数式で表せる』で話題を呼んだ山口桃果。

趣味はマラソンとトレイルランニング。東京やホノルルのほか、ニューヨーク・シティ・マラソンの完走歴もある。2025年からは「世界の"群れ"」をテーマに世界1周旅行を計画中。文部科学省認定特別アドバイザー。

我ながら、なかなかの妄想力だと思いますが、これくらい突き抜けてOKです（「まだまだ甘い」と思ったあなたはすばらしい！）。

本心をいえば、私の未来プロフィールは載せたくありませんでした。なぜなら、このプロフィールが、あなたが書く未来プロフィールの制約になりかねないからです。決して、私の未来プロフィールに引っ張られないでください。あなたが描くあなたの理想を文字として書き出していきましょう。

未来プロフィールを書くときのポイントは、**「理想の自分になりきること」と「具体的に書くこと」の2点**です。

5年後の自分ですので、誰にも文句をいわれる筋合いはありません。描きながら、そのイメージをよりリアルにしていきましょう。「嬉しい感情」や「楽しい感情」「充実している感情」もたっぷりと味わいましょう。

ニヤニヤしながら書いていますか？　ニヤニヤしていないとしたら、あなたは自分にブレーキをかけているのかもしれません。どこかで自分の理想的な未来に疑いを抱いているのかもしれません。未来プロフィールを書くときは、“疑い”というブレーキを外す必要があります。ブレーキを外して、自然とニヤニヤが出てきたときに、真に効果のある未来プロフィールが完成するでしょう。

「セルフイメージ」という言葉をご存知の人もいるでしょう。セルフイメージとは「自分が自分に抱いているイメージ」のことです。

ざっくり分けると、「できない」「ダメだ」「バカだ」と、自分に悪いイメージを抱いていればセルフイメージが低く、「できる」「すごい」「才能がある」と、自分に良いイメージを抱いていればセルフイメージが高い、という状態です。

５年後の未来プロフィールが潜在意識に刷り込まれていくことによって、その人のセルフイメージは少しずつ高まっていきます。その効果を最大化するためにも、**書いたプロフィールは、毎日声に出して読み返しましょう**。また、**いつでも目につく場所に置いておきましょう**（手帳に書き込んでおいてもＯＫです）。

より理想的な未来が思い浮かんだら、そのつどプロフィールを更新させていきましょう。気づけば、あなたは、未来プロフィールで書いた通りの人生へとシフトしているはずです。**書くことによって、**

あなたは、必ず「あなたがなりたい人間」になれるのです。

文章作成において大切なのは、読む人にプレゼントを贈る気持ちをもつことでしたよね。「未来プロフィール」を届ける相手は誰でしょうか？　そう、あなた自身です。
「未来プロフィール」を書くときには、読み手であるあなたにすばらしいプレゼントを贈ってあげてください。

卒業問題：
「９マス自問自答法」で
映画の感想文を書こう

さて、本書もそろそろ終わりに近づいてきました。

ここまでお伝えしてきた内容を総動員して、最後にレビュー（感想文）を書いてみましょう。レビューを書くときも、「９マス自問自答法」が有効です。

たとえば、映画の感想を一例にあげましょう。テーマは、2018年の話題作『カメラを止めるな！』です。ブログにアップすることをイメージして、自問自答から始めましょう。

なお、内容には若干ネタバレの要素も含まれていますので、これから映画をご覧になる人はご注意ください。

自問１～４あたりがベーシック質問で、それ以降はスコップ質問です。もちろん、質問内容は一例です。ほかにも、「どの役者が目を引いた？」「好きなセリフは？」「どんな人にオススメしたい？」など、さまざまに考えられます。必要に応じて、また、書く分量に応じて、有効な質問をしていきましょう。

もちろん、自問に対する答えは、できる限り具体的にしていきます。たとえば、自問３の「監督やキャストは？」の答えが「監督もキャストも無名です」だけでは物足りません。

自問３の答えとして「映画製作の専門学校のワークショップとして製作された作品だそうです」という裏話も書きました。この情報はインターネットで検索して調べたものです。情報が足りないのであれば「本を読む」「検索する」「人から話を聞く」「自ら体験しに

表6－5　9マス自問自答法　テーマ：カメラを止めるな！

自問1 どのようなジャンルの映画ですか？	自問2 どうして見に行こうと思ったのですか？	自問3 監督やキャストは？
低予算で作られた映画。 ホラー（ゾンビもの）かと思いきや映画作りの裏舞台を熱く描いた、感動的なヒューマン・ドラマ。 コメディ要素あふれる群像劇としても楽しめる。	SNSで「おもしろかった」という感想をいくつか見ていたし、話題の映画としてテレビでも紹介されていたから。	監督は上田慎一郎さん。 一般的にはまだ無名。 キャストも総じて無名。 なんでも、映画製作の専門学校のワークショップとして製作された作品だそう。
自問4 観た感想は？	**自問5 前半・後半で違う映画なんですか？**	**自問6 特筆すべき点は？**
ものすごくおもしろかった！ 37分間、カメラを止めずに撮影し続けた前半は、ドキドキ・ハラハラの連続。 その裏舞台を描いた後半は、爆笑の連続で、最後はホッコリ感動した。	劇中劇のスタイル。 この映画を撮影している現実世界も含めると実に4重構造を実現。 しかしながら、複雑に感じすぎないよう随所に映画的な工夫を凝らしている。	映画を作る人たちの映画愛！ それと、映画撮影という現場のなかで登場人物がそれぞれ本気で仕事や人生と向き合い、人間的な成長を遂げている点に熱い感動を覚えた。
自問7 好きなシーンはありますか？	**自問8 この作品のメッセージは？**	**自問9 満足度は何点ですか？**
ネタバレになるので書けないが、劇中劇のラストに、出演者全員で「あること」をするシーンがある。 一致団結するその姿を見ていたら涙がこぼれてきた。 笑えて泣ける最高のシーンだった。	「あきらめたらそこで終わり」という骨太なメッセージ。 それはタイトルでも表現されている。 映画作りに対する志の高さが尋常ではなく、プロフェッショナルとは何か？　ということについても考えさせられる。	満足度は95点！ 見逃した伏線も、いくつかありそうなので、もう一度見に行きたい。

行く」などによって、外部情報を収集することができます。

次の文章1は、先ほどの「自問自答」をもとに書いた文章です。なおここでは、文字数を気にせず書いています。

文章1

映画『カメラを止めるな！』が最高でした！　SNS上で「おもしろかった」という感想を見かけていましたし、話題の映画としてテレビでも紹介されていたので、それなりに期待はしていました。しかし、そんな期待を軽々と越えていくおもしろさでした。

実はこの映画、300万円という超低予算で製作されたもの。監督の上田慎一郎をはじめ、キャストも総じて無名。なんでも、映画製作の専門学校のワークショップとして製作された作品だそうです。

詳しいネタバレは控えますが、よくあるゾンビ映画かと思いきや……その予測は簡単に裏切られます。映画作りの舞台裏を熱く描いたヒューマンドラマであり、かつ、コメディ要素あふれる痛快な群像劇でした。

この映画の構成は大きく2部に分かれます。37分間、カメラを止めずにワンカットで撮影し続けた前半は、ハラハラ・ドキドキの連続。その37分間の舞台裏を描いた後半では、随所に笑えるポイントをちりばめながら、気持ちよく伏線を回収。泥だらけ血だらけになる人々を見ながら、観客は映画愛や家族愛に感動するという……魔法のような時間を過ごしました（笑）。

私が心を打たれたのは、映画撮影という現場のなかで登場人物がそれぞれ本気で仕事や人生と向き合い、人間的な成長を遂げた点です。ふつう37分で人間は変われないし、成長できない——というのが世の常識でしょう。しかし彼らは、見事に成長しました。

ネタバレになるので書けませんが、劇中劇のラストに、出演者全員で「あること」に取り組むシーンがあります。一致団結するその姿を見ていたら涙がこぼれてきました。あんなに笑えて泣けるシーンは初めてです。

そして、映画の土台を支えているのは「あきらめたらそこで終わり」という普遍的なメッセージ。そのことは『カメラを止めるな！』というタイトルでも表現されています。映画作りに限らず、いい結果を出すためにはあきらめないことが大事なのでしょう。

この映画を撮影している現実世界も含めると、実に4重構造になるという脚本は、複雑でありながらも、観客を置き去りにしないギリギリの工夫が凝らされています。

映画のおもしろさは、予算に比例しないことを証明してくれた傑作です。見逃した伏線もいくつかありそうなので、もう一度見に行きたいです。

当然、書き進めながら「思い浮かんだこと」「気づいたこと」「書きたくなったこと」も書いています。「書く」という作業には、常

に新たな「アイデア」や「気づき」を誘発するという効果がありま
す。書きながら浮かんだ事柄も、文章を紡ぐうえで貴重な情報です。
逃さず、しっかりつかまえましょう。

では、「冷静で」直すを実践して、例文を磨き上げてみます。

文章2

映画『カメラを止めるな！』が最高でした！　期待をはるかに上回るおもしろさ。300万円という超低予算で製作された映画でありながら、押し寄せてくる感動は、ハリウッド映画にも負けていません。

カメラを止めずにワンカットで撮影し続けた前半の37分間は、ハラハラ・ドキドキの連続。その37分間の舞台裏を描いた後半では、随所で笑いをちりばめながら、するすると伏線を回収。血だらけ泥だらけの人々を見ながら、観客は映画愛や家族愛に感動するという……魔法のような時間を過ごしました(笑)

私が心を打たれたのは、映画撮影という現場のなかで登場人物がそれぞれ本気で仕事や人生と向き合い、人間的な成長を遂げた点です。劇中劇のラストに、出演者全員で「あること」に取り組むシーンでは涙がこぼれてきました。あんなに笑えて泣けるシーンは、はじめてです。

映画の土台を支えているのは「あきらめたらそこで終わり」

という普遍的なメッセージ。意外と骨太です。見逃した伏線もいくつかありそうなので、もう一度見に行きたいです。

約半分の分量に削りました（削るときにも表現や流れなどを随時変更しています）。文章１よりも読みやすいと感じる人が多いでしょう。

とかく人は、文章に「書きたいこと」を盛り込みたがります。その結果、ダラダラした文章になってしまうことも少なくありません。

書き始めの段階では問題ありませんが、「読みにくい」と思われないためにも、ときには「枝葉」をばっさり切り落とす勇気も必要です。

もっとも、**大事なのは、一度書き終えた文章を、完成イメージの分量に合わせて自在に削るスキルです**。文章２は約430文字ですが、場合によっては700文字以上にまとめる、あるいは逆に、コンパクトに150文字にまとめなければいけないケースもあるでしょう。

とくに**多めの分量を書かなくてはいけないときには、あらかじめ自問自答の量を増やし、十分な量の情報をアウトプットしておく必要があります。**

スコップ質問をするときに、「どんなプレゼントを渡せば、読む人に喜んでもらえるだろうか？」ということを常に考えましょう。さらに、そうしたプレゼントを見つけ出すために必要な質問ができれば、深くて読み応えのある文章、そして、読む人の興味を引く文章が書けるのではないでしょうか。

おわりに

本書を読み終えた今、あなたの頭と心には何が残っているでしょうか? それは、おそらく一人ひとり違うはずです。その理由は、本書で説明したとおり。あなたが何を求めて本書を読み進めたかによって、得られるものも変わるからです。

「文章のネタを作る方法を知りたい」「文章をスムーズに書く方法を知りたい」「文章の上手な構成を知りたい」「文章がもたらす効果を知りたい」「9マスの活用方法を知りたい」などなど、あなたが求めていたものが何であれ、あなたは望んだ“それ”を受け取ったはずです。

なぜなら、**「求める＝意識＝アンテナ」**だからです。

9マスを使う意義をひと言でいうなら、「情報を確実に自分のものにできる」ということ。自問自答にしろ、情報収集にしろ、自分のなかにある情報の洗い出しにしろ、9つのマス目に埋めていくことで、情報が可視化されていきます。可視化されたそれらの「情報」には“千金の価値”があります。私たちの文章作成をきっと手助けしてくれることでしょう。

9マスを上手に活用して必要な「情報」を手元にそろえられるようになった人は無敵です。「書けない」という悩みから解放されるだけではなく、**文章を武器に人生を切り開いていくことができる**はずです。

あなたが今、「何か文章を書いてみたい」と感じているとしたら、この本の著者としてこれほどうれしいことはありません。

文章は人へ情報や思いを伝えるツールであり、人とコミュニケーションを図るツールでもあります。一方で、自分と向き合い、自分とコミュニケーションを図るツールでもあります。

文章を書くことで、人は自分のことをより詳しく知ることができ、自分の目標や夢を叶えることもできるようになります。他者に貢献し、周囲から好意や信頼を集めることもできます。そして、その過程で（例外なく！）成長し続けることができます。こんなに刺激的なものはありません。

安心してください。あなたはもう武器を手にしています。その武器を、日々、大切に磨き上げていきましょう。

最後になりますが、本書の企画段階から適切なアドバイスをくださった編集者の大島永理乃さんに御礼申し上げます。

また、ベストセラー本『学びを結果に変えるアウトプット大全』（サンクチュアリ出版）の著者・樺沢紫苑先生からは、本書の帯にうれしい推薦をいただきました。この場をお借りして御礼申し上げます。

それと、最愛の家族である妻の朋子と娘の桃果にも感謝を伝えさせてください。いつもありがとう。

さて、この本を閉じたあと、あなたは何をしますか? まずはノートに9マスを書いてみるのもいいかもしれませんね。

２０１９年4月

山口拓朗

山口拓朗（やまぐち・たくろう）

1972年生まれ。伝える力【話す・書く】研究所所長。
出版社で編集者・記者を務めたのちに独立。23年間で3000件以上の取材・執筆歴がある。
現在は執筆活動に加え、講演や研修を通じて「論理的なビジネス文章の書き方」「好意と信頼を獲得するメールの書き方」「売れるセールス文章＆キャッチコピーの作り方」「集客につなげるブログ発信術」など実践的ノウハウを提供。2016年からは200万人のフォロワーをもつ中国企業「行動派」に招聘され、中国の5大都市で「Super Writer養成講座」も定期開催中。多数の作家やライター、インフルエンサーを輩出している。

著書に、『問題を解くだけですらすら文章が書けるようになる本』（総合法令出版）、『文章が劇的にウマくなる「接続詞」』『伝わる文章が「速く」「思い通り」に書ける87の法則』（ともに明日香出版社）、『何を書けばいいかわからない人のための「うまく」「はやく」書ける文章術』（日本実業出版社）、『会社では教えてもらえない　ムダゼロ・ミスゼロの人の伝え方のキホン』（すばる舎）など、15冊以上ある。文章作成の本質をとらえたノウハウは言語の壁を越えて高く評価されており、中国、台湾、韓国など海外でも翻訳されている。

●山口拓朗の公式サイト
http://yamaguchi-takuro.com/

●山口拓朗の連絡先
yama_tak@plala.to

【参考文献】

『夢をかなえる9マス日記 日記と手帳のツインエンジンで夢実現を加速せよ』佐藤伝・著（SBクリエイティブ）
『学びを結果に変えるアウトプット大全』
樺沢紫苑・著（サンクチュアリ出版）
『問題を解くだけですらすら文章が書けるようになる本』
山口拓朗・著（総合法令出版）
『何を書けばいいかわからない人のための「うまく」「はやく」書ける文章術』山口拓朗・著（日本実業出版社）
『伝わる文章が「速く」「思い通り」に書ける87の法則』
山口拓朗・著（明日香出版社）

「9マス」で悩まず書ける文章術

2019年 4 月25日　初版発行
2019年12月17日　 2 刷発行

著　者　山口拓朗
発行者　野村直克
発行所　総合法令出版株式会社
〒103-0001 東京都中央区日本橋小伝馬町 15-18
ユニゾ小伝馬町ビル 9 階
電話 03-5623-5121（代）

印刷・製本　中央精版印刷株式会社

落丁・乱丁本はお取替えいたします。

ISBN 978-4-86280-676-5
総合法令出版ホームページ　http://www.horei.com/